이중톈 중국사
\09\

두 한나라와 두 로마

易中天中華史: 兩漢兩羅馬

두 한나라와 두 로마

兩漢兩羅馬

易 中 天 中 國 史

이중톈 중국사 09

이중톈 지음 | 한수희 옮김

글항아리

일러두기

— 이 책에서 언급된 역사적 사실과 일부 견해는 사마천의 『사기』, 반고의 『한서』, 범엽의
『후한서後漢書』, 톈창우田昌五와 안쭤장安作璋의 『진한사秦漢史』, 추이롄중崔連仲이 편찬
한 『세계 통사世界通史』 「고대 편」, 스타브리아노스의 『세계사』, 앨릭스 울프의 『세계사
A Short History of the World』, 허버트 조지 웰스의 『세계사 대계』, 타임라이프출판사의
『세계사History of the World』, 테오도어 몸젠의 『로마사』, 필립 네모의 『로마법과 제국의
유산』, 시오노 나나미의 『로마인 이야기』를 참고했다.

후한 환제桓帝 연희延熹 9년(기원후 166),
대진大秦의 사절단이 상아,
무소뿔과 귀갑龜甲을 가지고 낙양에 왔다.
대진은 바로 로마다. 이 위대한 두 문명이
처음으로 친밀하게 접촉했다.

中 　/　 國 　/　 史 　/

제1장

세계

역사가 기억하는 알렉산더는 늘 매력이 넘쳤다.
꼿꼿한 몸, 흰 피부, 흐트러진 금발, 반질반질한 턱을 지녔고
세계를 주시하는 눈에는 호기심과 천진함이 가득했다.

로마인이
왔다

후한 환제 연희 9년(기원후 166), 즉 조조가 11세였던 해에 외국 사절단이 낙양에 왔다. 그들은 상아, 무소뿔과 거북 껍질을 가지고 와서 낯선 제국에 숭고한 경의를 표했다.[1]

이들이 얼마나 오래 걸어왔는지는 아무도 모르지만 분명히 쉽지 않았을 것이다. 멀리 지구 반대편에 있는 나라라서 당시의 중국인들은 해서국海西國, 이간犂靬이라 불렀고 후한의 공식 역사책에 기록된 명칭은 '대진'이다.

대진은 바로 로마다.

파견된 사절단의 '대진왕 안돈安敦'은 로마 황제인 마르쿠스 아우렐리우스 안토니우스였을 가능성이 높다.

이것은 두 위대한 문명이 최초로 한 친밀한 접촉이었고, 그 전에는 눈앞에서 기회를 놓쳤었다. 후한 화제和帝 영원永元 9년(기원후 97)에 외

1 『후한서後漢書』「서역전西域傳」 참고.

교관 감영甘英은 정원후定遠侯 반초班超의 명으로 로마에 사신으로 파견
됐다가 현재의 이란 경내에 도착해 페르시아 만 해안에서 제지당했
다. 현지인들은 지중해를 통과하려면 3년 치 식량을 준비해야 하고
바다에서 집이 그리운 나머지 죽는 사람도 있다고 일러주었다.

감영 일행은 그만둘 수밖에 없었다.[2]

다행히 69년 뒤에 로마인이 제 발로 찾아왔다.

지금으로선 로마인들이 왜 중국에 왔는지는 확실히 알 수 없다. 정
말로 로마 황제가 파견한 사람들이 맞는지 하는 점도 보류해둘 수밖
에 없다. 어쩌면 그들은 사절단이 아니라 상단商團이었을 수도 있다.
목적은 당연히 비단이었을 것이다.

일찌감치 로마에 전해진 중국의 비단은 로마 원로원 의원과 귀부인
들이 총애하는 옷감이었다. 로마인들은 이 때문에 중국을 세레스Seres
라고 부르기도 했다. 세레스는 라틴어로 비단이라는 뜻이다.[3]

로마로 운송된 비단은 멀고 고생스런 여정을 거쳐서 하서주랑河西走
廊을 통해 지금의 신장웨이우얼 자치구에 도착한 다음, 남쪽 길에선
곤륜산崑崙山 북쪽 기슭을 따라 전진하고 북쪽 길에선 천산天山 남쪽
기슭을 따라 서쪽으로 갔다. 두 길 모두 마지막에 총령蔥嶺(파미르 고원)
을 넘어야 했고 출발점은 장안이었으며 대진으로 통했다.

또한 이 길은 '실크로드'라는 아름다운 이름으로도 불렸다.

실크로드는 한 무제의 전략적 구상에 따라 개통되었다. 무제는 흉   **014**

2 『자치통감』 권48 참고.
3 판수즈樊樹志의 『국사16강國史十六講』 참고.

노의 숙적들과 연합해 흉노에 대처하려고 했다. 연맹 대상은 우선 흉노에 패한 월지月氏였다. 이들은 국경 밖으로 내쫓겨 향방이 묘연해진 지가 오래였다. 그래서 첫 단계는 바로 이들을 찾는 것이었다.

이리하여 대단한 탐험가가 출발했다.

그의 이름은 장건張騫이다.

장건의 서역행은 늘 미담 일색으로 전해지지만 그의 여정은 매우 험난했다. 고비사막에선 모래가 날리고 돌이 뒹굴며 열기가 거셌고, 눈으로 새하얗게 덮인 파미르 고원에선 차가운 바람이 뼛속까지 파고들었다. 그런데도 흉노의 기병이 그 광활한 땅에서 종횡무진했던 까닭에 장건 일행은 언제 어디서든 갑자기 그들과 맞닥뜨리곤 했다.

그들은 정신없이 하서주랑을 건너다가 맥없이 포로로 잡혀 지금의 네이멍구 자치구의 정부 소재지 후허하오터呼和浩特 부근에 있는 흉노의 왕정으로 끌려갔다. 군신 선우軍臣單于는 장건에게 당당하게 말했다. "월지는 우리 북쪽에 있는데 한나라 사람이 어떻게 가겠는가? 내가 월나라越國로 간다면 한나라가 동의하겠는가?"[4]

물론 동의할 리가 없었고 장건도 흉노의 지역에서 10년을 머물러야 했다.

장건은 나중에 도망쳐 나와 대원, 강거康居 사람들의 도움으로 아무다리야 강 유역에서 월지를 찾기는 했으나, 월지는 이미 흉노에 복수할 뜻이 없다는 사실을 알고 더욱 낙담했다. 그들은 그곳에서 아주

---

4 『사기史記』 「대원열전大宛列傳」, 『한서漢書』 「장건전」 참고.

만족하며 안정된 생활을 누렸고 자신들의 전화위복을 다행스럽게 여겼다.

장건은 귀국할 수밖에 없었다.

다시 포로로 잡혔다가 사지에서 도망친 장건은 연맹을 결성하지 못했지만 세계의 지식과 이국의 분위기를 충분히 가지고 돌아왔다. 장건이 한 무제에게 전달한 보고서를 통해 중국인들은 처음으로 세계를 보는 눈이 열렸고 서역 각국 외에 여러 민족의 다양한 특색을 알게 됐다.

그들은 듣도 보도 못한 사람들이었다. 그중에는 오손烏孫, 강거, 엄채奄蔡, 월지 등 '행국行國'이라 부르는 유목민족도 있었고 대원, 안식安息, 조지條支, 대하大夏 등 '토저土著'라고 부르는 농업 또는 상업 민족도 있었다.

토저든 행국이든 한나라에서 거리가 아주 멀었다. 안식은 지금의 이란에 해당되고 조지는 시리아에 해당된다. 그 밖에 오손은 지금의 키르기스스탄 이식쿨Issyk Kul 호 동남쪽 일대에 있었고 강거는 지금의 카자흐스탄 발하슈Balkhash 호와 아랄 해 사이에 있었으며 엄채는 아랄 해와 카스피 해 북부 초원에, 대원은 지금의 우즈베키스탄 페르가나 분지에 있었다. 대하는 중앙아시아 아무다리야 강 이남 및 힌두쿠시 산맥 이북에 있었고 그리스인들은 박트리아Bactria라고 불렀다.

월지는 아프가니스탄 북부에 있었던 듯하다.

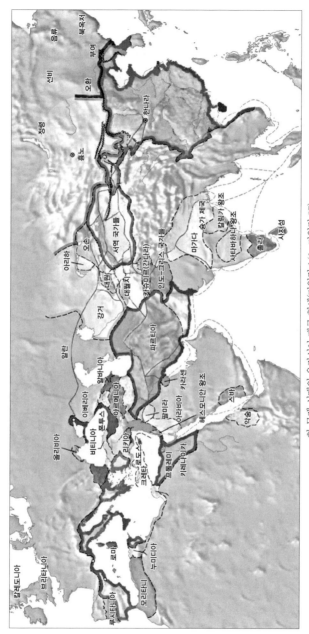

한 무제 시대의 유라시아 대륙 형세(기원전 141~기원전 87)

그 밖에 신독身毒과 여간黎軒도 있었다. 신독은 천축天竺이라고도 불렀는데 바로 오늘날의 인도다. 이헌犂軒이라고 부른 여간은 바로 대진, 즉 로마다. 하지만 이 두 나라에 대해서는 장건도 소문으로 들은 것이 전부였다.

그러나 그 정도면 한 무제의 마음을 사로잡기에 충분했다. 특히 대원의 포도주와 한혈마汗血馬는 굉장히 매혹적이었다. 상단이 군대를 따라 출발했다. 다만 상단이 머문 시간이 더 길고 가져온 이익이 더 두둑했다.

두둑한 이익 덕분에 실크로드에는 낙타 방울 소리가 끊임없이 울렸고 실크로드에 자리한 나라들은 가만히 앉아서 호황을 누렸다. 그중에는 파르티아도 있었다. 파르티아는 바로 안식이다. 중국인들은 안식이라고 부르고 서양인들은 파르티아라고 불렀다.

안식은 기원전 247년에 건국했고 기원후 226년 이란 사산 왕조에 의해 멸망했다. 감영이 안식에 도착한 날은 마침 파르티아인이 한창 잘나가던 때였다. 그들이 얘기를 지어서 후한의 사신을 위협해 물러가게 한 것은 중간상의 이점을 잃고 싶지 않았기 때문이다. 파르티아인들은 중국 상인들에게 물품을 구매한 뒤 지중해 지역에 되팔았다.

그리하여 장건이 한 무제에게 여간을 거론한 기원전 126년부터 로마 사절단이 중국에 온 기원후 166년까지 두 문명은 약 3세기 동안 교류를 하긴 했지만, 다른 나라와 민족을 통해 서서히 진행할 수밖에 없었다. 중국 상인들은 이미 파르티아 시장에서 로마 상인들과 값을 흥정했지만 그들이 은화를 사용하고 글자를 가죽에 쓰는 것에 놀랐다.

그런 까닭에 중화와 로마는 저마다 독립적으로 성장해 대제국과 세계적인 문명이 되는 데 전혀 방해를 받지 않았다. 사실상 사절단이 중국을 방문한 반세기 동안 로마의 영토는 이미 정점에 달해 있었다. 동쪽의 유프라테스 강에서 시작해 서쪽으로 브리튼 섬까지 이르렀고 북쪽으로 다뉴브 강을 넘어 남쪽으로 북아프리카까지 이르러, 그야말로 한 시대를 주름잡았다.

재미있는 것은 사절단을 파견한 로마 황제와 그들을 접견한 중국 황제도 상징적인 인물이었다는 점이다. 마르쿠스 아우렐리우스 안토니우스는 로마 제국의 황금시대와 쇠퇴를 상징하고 한 환제는 머잖은 후한 제국의 멸망을 의미했다. 로마 공화국과 전한 왕조가 거의 동시에 끝났듯이 로마 제국과 후한 왕조는 거의 동시에 시작했다.

역사의 많은 우연은 우리로 하여금 끝없는 상상을 펼치게 하고 광활한 세계 무대로 시선을 돌리게 만든다. 그곳에서만 이 두 제국과 두 문명을 제대로 볼 수 있기 때문이다.

아시리아: 웅장한 실수

장건이 처음 사신으로 서역에 가서 흉노들의 지역에 체류했던 기간, 그러니까 기원전 130년 전후에 로마는 시칠리아, 사르데냐, 코르시카, 스페인, 아프리카, 일리리아Illyria, 마케도니아, 아카이아, 아시아 등 이미 본토 외의 통치구역을 아홉 곳이나 두고 있었다. 라틴어로는 프로빈키아provincia라고 하며 번역하면 속주다.

하지만 로마는 하루아침에 이루어지지 않았고 속주도 로마인이 발명한 것은 아니다. 페르시아 제국부터 있었고 사트라피아Satrapia라고 불렀다. 어쩌면 이런 제도 덕분에 키루스Cyrus(고레스)가 세운 페르시아 제국이 아시리아보다 더 안정적으로 오래 존속했는지도 모르겠다.

아시리아는 인류 역사상 '최초의 제국'이다.

최초의 제국인 아시리아는 기나긴 부흥의 여정을 거쳐 세워졌다. 그 전에 고아시리아와 중아시리아가 있었고 신아시리아(아시리아 제국) **020**

가 된 것은 중국의 동주, 춘추 시기의 일이다. 다시 말해 주나라 사람들과 주나라 문명이 내리막길을 걷기 시작할 때 아시리아인들은 강성해졌고 빠른 속도로 서아시아의 맹주로 떠올랐다.

아시리아인은 셈족Semitic이다. 코가 길고 곱슬머리이며 튜닉을 입고 높은 모자를 썼다. 가장 눈에 띄는 특징은 모양이 잡힌 수염이다. 이런 수염은 사르곤 2세 왕궁 문 앞의 다섯 다리 라마수 신상에서도 발견된다.

이전의 수메르인이나 히타이트인과는 크게 다른 특징이다. 수메르인은 머리를 박박 밀고 몸에 꼭 끼는 양털 옷을 입었다. 히타이트인은 체형이 왜소하고 긴 매부리코였으며 남자는 머리를 길게 땋고 귀

아시리아 전사, 『세계사 대계』에서 인용.

다섯 다리 라마수.

걸이를 했다. 히타이트인이 적을 물리치고 승리를 거둔 비결은 그들의 전차였다. 히타이트인의 전차에는 세 명의 무사가 탔는데 한 명은 운전을 하고 다른 한 명은 창을 들고 나머지 한 명은 방패를 들었다. 중국 춘추시대와 매우 비슷한 모습이다.

그러나 아시리아인이 더 용맹하고 싸움을 잘했다. 상앙변법商鞅變法 이후 진나라 사람과 마찬가지로 아시리아인은 건장한 농민인 동시에 용맹한 전사여서 농작물 베듯이 적의 머리를 벴다. 그렇게 벤 머리들은 무력을 뽐내는 최고의 상징이 되곤 했고, 그것으로 수도의 대문을 장식한 아시리아 왕도 있었다.

아시리아는 종교와 신앙에서도 무력 침략을 격려하고 묵인하는 듯했으며 다른 나라를 점령하는 것을 신성한 사명으로 여겼다. 아수르신의 인도로 아시리아 군대는 간담이 서늘한 속력으로 맹렬하게 돌진했다. 길이 없어도 가젤처럼 산봉우리를 오르고 또 올랐다.

아시리아는 이렇게 전쟁에 대한 광적인 열정을 바탕으로 약 105년 동안 시리아의 다마스쿠스 왕조, 이스라엘의 예후 왕조, 유대의 아하스 왕조, 페니키아의 시돈 왕조, 이집트의 누비아 왕조(에티오피아 왕조), 바빌론 제4왕조, 엘람의 훔마할다시 왕조 등 여러 고대 문명국가를 멸망시켰고, 그로써 최초로 서아시아와 북아프리카 국민을 하나의 강력한 제국으로 합병했다.

안타깝게도 아시리아인은 진나라와 마찬가지로 천하를 차지하는 **022**

데는 능했지만 천하를 다스리는 데는 소질이 없었다. 그들이 제국 통치를 유지하는 수단은 폭력 아니면 고압이었다. 아시리아의 왕은 한 지역을 정복할 때마다 삼광작전三光作戰을 쓰곤 했다. 패전국의 국민을 노예로 끌고 가기에 앞서 먼저 그들의 눈을 멀게 만들었다.

민심에 반하는 포악함은 더 거센 반항을 초래했고 산더미처럼 쌓인 시체 속에서 복수의 불길이 치솟았다. 미처 몰살까지 할 수 없는 상황에서 반항 세력을 분열해 와해시키기 위해 제국은 강제적인 이민 정책을 실시했다. 예를 들어 사마리아의 이스라엘 사람들은 아시리아로 이주시키고 바빌론, 쿠사이르, 아와, 하맛, 스키타이 국민은 사마리아로 이주시켰다.

이민은 대규모로 이뤄졌다. 기원전 713년 코르사바드 성의 경우 여러 패전국의 국민이 400만 명이나 모였다. 그들은 작은 경작지를 분배받아서 자신의 집을 소유할 수 있었다. 그러나 땅이 팔리거나 누군가에게 하사되면 가족 모두가 새로운 주인에게 귀속됐다.

아시리아의 통치자는 이 정책을 신의 한 수라고 여겼다. 그들이 보기엔 여러 지역 출신에 민족도 다양한 이민자들이 고향을 등지고 의지할 사람이 하나도 없는 생면부지의 땅에 와서 어떻게 반항 동맹을 결성할 수 있겠는가? 이 무력한 사람들은 제국의 명령을 따르고 최고 권력으로부터 생존의 희망을 얻을 수밖에 없었다.

023 점령지의 국민을 혼합 편성해서 거주하게 한 것 말고도 제국은 건

장한 노동자와 솜씨가 좋은 기술자들을 건축 공사장으로 보냈다. 두 말할 것 없이 아시리아의 건축은 웅장하고 아름다우며 휘황찬란하다. 코르사바드가 대표적이다. 이 사각형 요새는 계획대로 한 변의 길이를 2킬로미터로 했고 왕궁은 벽돌로 층을 올린 테라스 위에 지었다. 모든 입구는 유리벽돌로 장식하고 커다란 석상이 지킨다.

코르사바드는 사르곤 2세가 신축한 도성으로 두르 샤르루킨Dur Sharrukin이라고도 부르며 '사르곤의 성'이라는 뜻이다. 그러나 기원전 717년부터 공사를 시작했지만 기원전 705년까지도 건축이 끝나지 않았다. 그해에 사르곤 2세는 이란 원정길에서 살해당했고 코르사바드도 불길한 곳으로 여겨졌다. 얼마 못 가서 코르사바드는 사람들에게 버려져 폐허로 변했고 역사학자들은 '사르곤의 웅장한 실수'라고 불렀다.

과연 아시리아 제국이 웅장한 실수만 했을까? 기원전 639년에 아슈르바니팔이 엘람의 수도 수사를 공격하면서 아시리아의 영토가 전무후무한 수준에 달했다. 동쪽으로 이란 고원, 서쪽으로 지중해 연안, 북쪽으로 캅카스, 남쪽으로 나일 강에 이르며 세계 고대 역사상 전대미문의 대제국으로 부상했다.

한편 아슈르바니팔은 당시 세계 최대 도서관의 관장이 되기도 했다. 그의 명령에 따라 각지의 중요한 도서와 문헌들(점토판에 새겨진)이 끊임없이 수도 니네베로 운송되었고 질서 정연하게 관리되었다. 책의 내용은 수학, 천문학(점성술 포함), 지리학, 생물학, 의학과 화학 등이었는데 아슈르바니팔이 직접 수정한 것도 있고, 그가 수집했다는 주석이 달린 것도 있다.

이것이 바로 아시리아의 문화 업적과 군사상의 공적이 아닐까?

애석하게도 이 박학다식한 '만왕의 왕'은 당시 제국에 도사리고 있는 위기와 통치자들 내부에 겹겹이 쌓인 갈등을 짐작하지 못했다. 이 갈등으로 인해 궁정 쿠데타도 여러 번 일어났고 해마다 이어진 원정으로 제국은 힘을 소진했다. 더 중요한 건 국왕 폐하가 아무리 출중하고 학식이 풍부해도 폭정을 오랫동안 견딜 수 있는 사람은 아무도 없다는 사실이다.

붕괴는 이상하리만치 급격하고 무자비하게 닥쳤다. 기원전 612년에 칼데아와 메디아 왕국 연합군이 니네베를 공격했고 포로가 되길 원치 않은 아시리아 왕 신샤르이슈쿤Sin-shar-ishkun은 왕궁을 불태우고 자신은 불바다에 몸을 던졌다. 중국 은나라의 주왕紂王과 판박이다.

7년 뒤 아시리아 제국은 역사에서 영원히 사라졌다. 아슈르바니팔의 도서관만이 1849년 이후에 다시 빛을 봤다.

아시리아 제국이 멸망함으로써 서아시아 사람들은 경축했고 바빌론은 칼데아인들로 인해 부흥하기 시작했다. 이 도시는 늘 신들이 거하는 성지로 여겨졌지만 몇 번이나 아시리아인들에게 짓밟혔다. 심지어 사르곤 2세의 후계자는 성을 불사르고 남은 재를 기념품으로 삼

아 아슈르 신전에 보관했으며 자신에게 충성하는 국민에게 하사하기
도 했다.

이렇게 도리에 어긋나는 행동은 당연히 민심을 얻지 못했고 아시리
아 제국의 멸망도 당연히 받을 벌을 받은 것으로 여겨졌다. 그러나 바
빌론 성을 재건한 칼데아인은 제대로 추대를 받지 못한 듯하다. 신바
빌로니아의 왕 네브카드네자르(느부갓네살)가 즉위하고 67년 뒤에 바빌
론은 성문을 열었으며 새로운 군주를 맞이했다. 그는 세계 정복의 야
심을 품고 왔으며 더 큰 제국을 세웠다.

바로 페르시아 황제 키루스였다.

페르시아: 인자한 정복

키루스는 기원전 538년에 바빌론으로 들어갔다.

그해에 중국의 공자는 13세였다.

공자는 당연히 페르시아를 몰랐을 것이고 남정북벌에도 관심이 없었을 것이다. 따라서 키루스가 바빌론에서 누린 대우를 절대 상상도 못했을 것이다. 구리로 주조한 이슈타르의 문이 그를 향해 활짝 열리고 몸에는 화려한 부조에서 반사되는 빛이 부서졌으며 발아래에는 환영하는 군중이 바친 화환이 그득했다.

그렇다. 키루스는 침략자나 정복자가 아니라 해방자의 신분으로 신바빌로니아 왕국에 입성했다.

이보다 더 체면이 서는 승리는 없었다.

키루스도 그런 대접을 받기에 손색이 없었다. 그의 스타일과 정책은 아시리아인과 확연히 반대였기 때문이다. 키루스는 패전자들을 멸

키루스 상.
앨릭스 올프의 『세계사』 36쪽에서 인용.

살하지 않았고 포로로 잡힌 메디아 왕에게 살길을 열어주었으며 리디아 왕은 수행 고문으로 임용했다.

일종의 '인자한 정복'이었다.

키루스는 바빌론을 정복한 뒤에 마찬가지로 관용과 도량 그리고 피정복자의 신앙과 풍속에 대한 존경을 드러냈다. 매일 마르두크 신전에 가서 제사를 지내고 기존 관리들에게 계속해서 메디아와 리디아에서처럼 업무를 맡겼다. 이로써 제사장과 관리들의 지지를 받았을 뿐만 아니라 국가 기관이 예전처럼 정상적으로 운영됐다.

키루스는 뛰어났다.

또한 공자의 관점에서도 이렇게 권력을 남용하지도 않고 무고한 사람들을 무차별적으로 살해하지 않는 정치는 인정仁政으로 봐야 한다. **028**

인정의 수혜자 중 하나는 유대인이었다. 반세기 전 약소하고 독립적이었던 예루살렘이 신바빌로니아 왕 네부카드네자르에게 파괴되면서, 무수한 유대인이 두 눈을 찔려 앞을 보지 못하게 된 왕을 따라 족쇄와 수갑이 채워진 채로 바빌론으로 끌려와 노예가 되었다. 역사적으로는 '바빌론의 포로'라고 한다.

반면 페르시아인들은 그들을 해방시켰다. 이듬해에 키루스는 바빌론 포로들이 고향으로 돌아가도록 허락하는 명령을 발표했고 제사 공간을 재건할 수 있도록 바빌론인들에게 약탈한 금은보화를 돌려주었다. 유대인들이 키루스를 '페르시아의 메시아'라고 부를 정도로 하해와 같은 공덕이었다.

키루스는 선행으로 널리 명성을 떨쳤고 그가 인정을 펼친 덕분에 제국은 갈수록 안정화되고 강성해졌다. 키루스가 아시리아 제국의 멸망에서 얻은 교훈으로 그렇게 했다는 증거는 없지만 페르시아 제국에 더 이상 끊임없는 항거가 사라지고 지방이 중앙을 지지하는 수확을 거둔 것은 확실하다.

이 정치 노선을 계승한 이가 다리우스다.

왕위를 빼앗은 가우마타를 빼면 다리우스는 페르시아 제국의 3대 황제다. 다리우스의 통치 아래 제국은 20~30개의 속주(이중톈 중국사 8권 『한무의 제국』 참고)로 나뉘었다. 속주의 라틴어인 프로빈키아provincia 에는 원래 '위임하다'라는 뜻이 있다. 따라서 로마인이 이해한 바에 따르면 한 지역을 고급 담당관에 위임해 다스리게 하면 그 지역이 곧 속주였다.

페르시아의 속주도 대체로 비슷했다. 관리를 위탁받은 고급 담당관은 총독이었다. 속주의 총독은 원칙적으로 페르시아 귀족이 맡았고 하급 행정 조직은 현지인에게 맡겼다. 이오니아는 그리스인이 관리하고 예루살렘은 유대인이 자치하는 식이었다. 키루스에서 다리우스까지 황제들은 지방의 행정과 주민 생활에 될 수 있는 한 적게, 가능하면 관여하지 않는다는 입장이었다.

관여해야 할 것은 법률과 세금, 딱 두 가지였다.

법은 페르시아 제국의 정치생활에서 굉장히 중요했다. 다리우스는 법을 기반으로 정책 강령을 통일했다. 결코 쉽지 않은 일이었다. 광활한 제국의 땅에서 여러 민족이 생활해 다양한 언어와 문자, 생활 풍속, 종교 신앙이 혼재했기 때문이다.

천하를 통일할 수 있는 것은 법이 유일했다.

그렇게 방대한 제국을 다스리는 데는 확실히 법이 무력보다 적은 비용으로 높은 효과를 거둘 수 있었다. 또한 최대한 현지 관리들을 활용했던 것처럼 페르시아 황제는 최대한 현지 법을 변함없이 유지했다. 키루스와 다리우스는 둘 다 법령이 수시로 바뀌는 것을 싫어했다. 법이 바뀌지 않아야 제국이 영구하다는 의미였기 때문이다.

또한 그래야 무위이치無爲而治와 장기적인 안정을 실현할 수 있다. **030**

사실상 다리우스가 가장 뿌듯해한 것은 평생 법의 보호자로 살았다는 점이다. 법대로 나라를 다스려야 강자가 약자를 괴롭히거나 억압하지 않는다는 말까지 할 정도였다. 이는 법치인 동시에 덕치德治였다. 이를 위해서 다리우스는 노력도 많이 기울였다. 자제력을 발휘하고 함부로 화를 내지 않으며 정의로운 친구가 되겠다고 여러 번 표명했다. 그는 훌륭한 전사였기 때문이다

그렇다. 결전은 반드시 전쟁터에서만 벌어지는 것이 아니다. 어찌 보면 나라를 다스리는 것이 더 큰 시험대다. 키루스와 다리우스가 줄을 길게 늘인 것은 큰 고기를 낚기 위함이었다. 큰 고기에는 예속된 나라들의 충성뿐 아니라 끊임없이 이어지는 부유함도 포함됐다.

그러려면 세금이 필요했다.

세금은 제국의 중요한 경제원이었기 때문에 황제들이 상당히 중시했다. 속주마다 전담 재무관이 있었고 일률적으로 페르시아인들이 담당했다. 재무관은 세금을 중앙에 상납하는 일을 책임졌는데 그 비율은 연 생산량의 약 20퍼센트였다.

결코 낮지 않은 세율이었고 실제 세수 규모도 상당했다. 페르시아 도시는 면세 특권을 누렸을 뿐 아니라 다른 도시들은 정해진 화폐세를 상납해야 했다. 이를테면 바빌론은 2000달란트, 소아시아 네 도시는 1750달란트였다. 다리우스가 매년 각 도시에서 거두는 세금은 약 은 400톤이나 되었다. 사실 은 30톤의 세금만으로도 제국의 4개

주력 군대의 108일간 지출을 충당하기에 충분했다.[5]

돈이 있어 전쟁을 할 수 있었으므로 다리우스는 계속해서 영토를 확장했다. 그의 손에서 페르시아는 아시아, 아프리카, 유럽 세 주를 아우르는 대제국이 되어 아시리아의 영역을 훨씬 뛰어넘었다. 수도도 수사, 엑바타나, 바빌론, 페르세폴리스 네 곳이 되었고 황제와 궁정은 사계절을 돌아가며 이 도성들에 머물렀다.

속국의 알현과 조공은 예의의 도시인 페르세폴리스에서 매년 춘분에 진행하는 것으로 정해져 있었다. 황제 폐하를 알현하는 사람은 이집트 귀족, 인도의 고관, 속주의 총독과 부락 추장이었고 조공품은 흑단목, 사금, 상아, 수컷 망아지, 숫양, 낙타와 각종 진귀한 보석이었으며 바빌론 출신의 어린 환관도 있었다.

다리우스는 이 조공자들을 극진하게 대우했고 수라간은 1만5000명이 먹을 수 있는 국민 연회를 준비했다. 좋은 술에 요리는 물론이고 식후 디저트와 과일, 아름다운 곡조의 노래와 밤새도록 이어진 춤까지 곁들여졌다.

사람들이 흉금을 털어놓고 실컷 술을 마시는 모습을 본 다리우스는 흐뭇했다. 그렇게 알찬 성과는 자신의 무공뿐 아니라 그와 선배들이 발명하고 창조한 행정관리 체제, 그가 축조한 고속도로와 지하수로, 농업기술의 전파와 개량을 포함한 문치文治에서 비롯되었기 때문이다.

---

5 이 수치는 학자마다 견해가 다르다. 추이렌중이 편찬한 『세계통사』「고대편」, 타임라이프출판사의 『세계사History of the World』 참고.

칭송할 만한 일들이었다. 자그로스의 과일나무가 아나톨리아에서 재배되고 이란의 포도가 다마스쿠스에서 시험 재배되었으며 인도의 벼가 메소포타미아에 심어지고 참깨가 이집트에 도입되었다. 모두 다리우스가 독촉해서 완성한 일이었고 다리우스 자신도 대단하다고 여겼다.

따라서 트라키아와 흑해 해협을 점령한 뒤 황제 폐하는 배포가 커졌다. 이란 고원의 화려한 궁전에 서서 눈길이 닿는 데까지 멀리 바라보며 국빈 연회에 요리 한 접시를 추가할 수 있겠다고 장담했다.

그 요리의 이름은 그리스였다.

그리스: 자유 만세

페르시아 전쟁이 발발했을 때 중국에서는 춘추시대가 마무리 단계에
이르렀다. 당시 진晉나라의 조趙씨들은 정적을 응대하고 처리하느라
급급해 머나먼 해안에서 전쟁이 있으리라는 것은 아무도 몰랐고, 그
지역의 이름이 마라톤이라는 것은 더더욱 몰랐다.

마라톤은 관건의 일전이었다.[6]

아테네인들은 페르시아 대군에 응전했으나 정세는 그리스에 극도
로 불리했다. 야심만만한 다리우스는 그 전에 이미 그리스어권 지역
의 거의 절반을 휩쓸어버렸고 리디아, 이집트, 트라키아, 마케도니아
도 일찌감치 페르시아의 수중으로 편입되었건만 아테네와 스파르타
는 아무런 방비도 하지 않았다.

교전 양측의 힘도 현저하게 대비됐다. 당시 페르시아 군대는 10만
의 규모였고 훈련도 잘되어 있었다. 반면 아테나는 임시로 그러모은 **034**

---

6 역사학자들은 일반적으로 기원전 492년에 페르시아인이 그리스에 침입한 것을 페르시아 전쟁의
시작으로 보지만 마라톤 전투의 역사적 의미가 더 크다.

마라톤 전투 이전 페르시아 전쟁 형세도. 시오노 나나미의 『로마인 이야기』 1권 101쪽에서 인용.

보병 1만이 전부였다. 그러면 인내심을 가지고 스파르타의 지원군을 기다려야 할까, 아니면 일말의 주저함 없이 즉시 전투에 임해야 할까? 정말 문제였다.

아테네인들은 전투를 선택했다.

밀티아데스라고 하는 노병이 이 전쟁을 지휘했다. 밀티아데스는 아테네 군대를 장방형의 진으로 배열하고 일부러 중간에 가장 약한 병력을 두었다. 그 결과 죽기 살기로 진 가운데로 돌진한 페르시아 군대는 양익에서 호된 공격을 받았고 당황해서 어찌할 바를 몰라 바다의 함선으로 도망칠 수밖에 없었다. 헤로도토스의 기록에 따르면 이 전투에서 아테네는 192명의 손실을 입었고 페르시아 쪽에서는 6400명이 사망했다.

아테네가 승리했다.

승리한 아테네인들은 소식을 전하기 위해 사람을 보냈다. 이 훌륭한 용사는 단숨에 42킬로미터를 달려 목적지에 도착해서 "우리가 이겼다"는 한마디를 외치고 그 자리에서 숨을 거두었다. 그가 가져온 소식에 아테네 성 전체가 들끓었고 환호 소리가 하늘까지 울려 퍼졌다.

이후 인류에게 마라톤이라는 새로운 스포츠 종목이 생겼다.

행동이 굼뜬 스파르타 지원군은 이튿날에 도착했다. 그들은 사과의 뜻을 전하면서 전쟁터를 꼼꼼히 살폈다. 그러고는 페르시아인의 투창이 조금 짧고 갑옷과 투구, 방패도 그리스인들 것보다 견고하지 않다는 결론을 내렸다.

하지만 이건 중요한 사실이 아니었다.

투창, 갑옷과 투구, 방패보다 더 중요한 것은 방진方陣이었다. 이 진형은 보병을 12열로 **빽빽**하게 배치하여 구성한다. 매 열의 전사들은 발을 맞추고 어깨를 나란히 하여 전진하며 방패로 바람 한 점 샐 틈 없는 철벽을 만든다. 또한 앞의 전사가 넘어지면 뒤의 전사가 자동으로 그 자리를 메운다. 전사 전체가 전멸할 때까지.

그야말로 전투기계다.

진 중앙의 모든 전사가 강인한 의지, 굳건한 신념과 굳센 정신력을 가지고 있어야 하므로 이런 방진을 구성하는 것은 쉽지 않다. 도시국가에 대한 무한한 충성심, 전우를 친형제처럼 생각하는 두터운 전우애, 명예를 생명처럼 중요하게 여기고 후퇴를 큰 치욕으로 여기는 등의 정신 무장이 필요하다.

아테네인에겐 이런 정신이 있었다. 그들은 자유의 아들들이었기 때문이다.

확실히 아테네는 그리스인을 대표할 만큼 뛰어났고 그리스는 인류 문명의 눈부신 보배였다. 고대사회에서 그리스처럼 강렬하게 개인의 가치에 관심을 가지고 개인이 만드는 미래에 자신감이 충만했던 곳은 없었다. 이런 자신감 덕분에 그들은 열정을 자유롭게 발산했고 독립적이고 자주적이었으며 죽음을 두려워하지 않았다.

037

이 문제를 잘 설명해주는 이야기가 하나 있다.

페르시아 전쟁이 일어나기 약 반세기 전쯤, 리디아가 아직 페르시아 황제 키루스에게 멸망하기 전에 세계를 돌아다니던 그리스 철학자 한 명이 이 왕국에 왔다. 왕실의 보고를 견학한 뒤에 왕이 물었다. "선생은 박학다식한 분이니 세상에서 가장 운 좋은 사람이 누구라고 생각하십니까?"

철학자가 대답했다. "당연히 타이로스입니다."

타이로스가 누군가? 아테네의 자유 시민이었다. 그에겐 아들이 몇 있었는데 저마다 용감하고 선했다. 손자도 많았는데 다들 활발하고 사랑스러웠다. 그 자신은 가정과 국가를 지키는 전투에서 장렬히 전사해 사람들의 그리움을 샀다. 그것뿐이다.

그러나 그리스인들에겐 이 평범하기 그지없는 타이로스가 그 어떤 왕보다 존귀하고 행복해 보였다. 그는 자유로웠기 때문이다. 그는 독립을 고수하고 평등을 누렸기에 행운아였다고 할 수 있다.

독립, 자유, 평등은 그리스인의 가치관이었다.

이러한 가치관이 형성된 것에 대해서는 시리즈의 2권 『국가』에서 자세히 설명한 바 있다. 페르시아인과 뚜렷한 대비를 보이는 모습이다. 페르시아 제국의 정치는 인정이라고 할 수 있었다. 다리우스는 심지어 입법을 통해 노동자의 최장 근로 시간과 최저임금을 규정하면서까지 국민과 동락하고자 했지만 어떻게 해도 그리스인들의 시민의식과 자긍심만큼 키울 수 없었다.

얼마 가지 않아 제도의 우위가 승패를 결정지었다.

기원전 479년 8월 27일, 페르시아 전쟁 중 최후의 중요한 군사작전이 플라타이아이에서 발발했다. 전쟁 전에 그리스의 모든 전사는 하늘에 대고 "자유가 생명보다 소중하므로 죽을 때까지 싸우겠다"고 맹세했다.

이렇게 해서 자유를 위해 싸운 4만 명의 그리스 중장비병은 일말의 두려움도 없이 페르시아의 15만 대군을 맞았다. 페르시아 대군은 페르시아 황제 크세르크세스 1세의 매부인 마르도니우스가 통솔했다. 결과적으로 백마를 탄 이 페르시아 사령관은 패전하고 사망했으며 수장을 잃은 페르시아 군대는 뿔뿔이 흩어졌다.

한편 그리스 해군은 바다 건너편의 미칼레 곶에서도 대승을 거두어 페르시아 함대는 고기밥이 되거나 줄행랑을 쳤다.

그리스인의 승리는 가치관의 승리였다.

이는 페르시아인이 제국을 세운 이래로 가장 참혹한 실패였다. 그이후 전쟁은 계속되었지만 페르시아는 기를 펴지 못했다. 기가 꺾인 크세르크세스 1세는 페르세폴리스의 궁전에서 나와 여유롭고 풍족한 시골에서 한평생을 아무렇게나 보내다가 결국 기원전 465년에 시위관과 근위병에게 침대에서 모살되었다.

039 그해에 묵자墨子는 세 살이었고 소크라테스는 네 살이었다.

페르시아는 세력이 기울었고 아테네는 날로 번영했다. 기원전 478년, 즉 플라타이아이와 미칼레 곶 전투에서 승리하고 1년 뒤에 아테네인은 이오니아와 에게 해 여러 섬을 모아 델로스 동맹을 결성했다. 20여 년 뒤, 아테네인은 다시 이 동맹을 해상 제국으로 개조했다.

아테네인이 패권을 차지하기 시작했다.

패권을 장악한다는 것은 자유에 대한 배반이었기에 아테네는 막중한 대가를 치렀다. 페르시아 전쟁이 끝나고 18년 뒤에 펠로폰네소스 전쟁이 시작됐다. 그리스인끼리의 이 집안싸움으로 인해 아테네와 스파르타 모두 상처를 입었다. 그리스 세계의 석양이 서쪽으로 기울었지만 흩날리는 전쟁의 화염 속에서도 건축물, 조각, 희극과 철학은 눈부신 활약을 이어가며 장관을 연출했다.

그렇다. 비판이라는 무기가 무기의 비판을 대체할 수 없고 스스로 만든 화는 신선도 구할 수 없다. 권력과 이익을 위한 난투극이 휩쓸고 간 그리스는 만회의 여지 없이 찬란함 속에서 몰락했고 흥성함 속에서 침몰했다. 그들이 남긴 어수선한 국면도 그들의 학생만이 수습할 수 있었다.

그 학생은 바로 알렉산더였다.

알렉산더: 세계시민

반듯한 몸매, 흰 피부, 헝클어진 금발, 반질반질한 턱⋯⋯. 역사가 기억하는 알렉산더는 잘생긴 소년이며 늘 매력이 넘쳤다. 그중에서도 가장 매혹적인 것은 세계를 주시하는 눈이다. 그 속에는 호기심과 천진함이 충만하다.

이 눈이 세계의 모습을 바꿔놓을 줄은 아무도 생각하지 못했다.

오직 그의 아버지 필리포스 2세만이 그 점을 발견했다. 마케도니아의 국제적 위상을 바꾼 이 왕이 아들에게 말했다. "아들아, 가서 네 재능을 마음껏 발휘할 수 있는 곳을 찾거라! 마케도니아는 너에게 너무 작다."

필리포스 2세의 말은 틀리지 않았다. 이전에는 산이 많은 그 국가를 제대로 보려고 한 그리스인이 한 명도 없었다. 교활하지만 강인한 이 왕은 사람들의 태도를 바꾸는 데는 성공했지만, 세상에 타고난 정

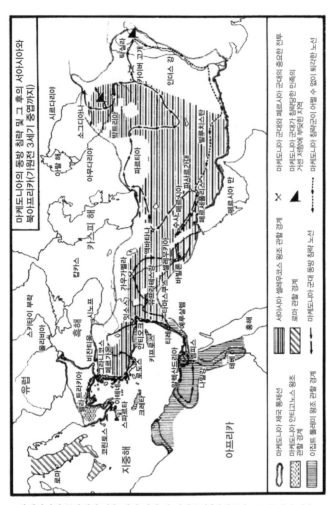

알렉산더의 동방원정 이후 세계 정세. 추이렌중의 『세계통사』 249쪽에서 인용.

복자라는 것이 있다면 바로 알렉산더일 것임을 확실히 알아차렸다.

알렉산더도 기대를 저버리지 않았다. 즉위하자마자 갑옷을 입고 싸움터에 나가 페르시아와 전쟁을 치르고 이집트를 정복했으며 인도에 침입하여 단 7년 만에 마케도니아를 왕국에서 제국으로 승격시켰다. 서쪽으로 그리스, 남쪽으로 이집트, 북쪽으로 중앙아시아, 동쪽으로 인더스 강 유역까지 영토를 확장하여 페르시아 제국과 마찬가지로 유럽, 아시아, 아프리카를 섭렵했다.

안타깝게도 이 제국은 전무후무하게 단명했다.

기원전 323년에 알렉산더는 세균과 독이 있는 모기에 물려 죽었고, 기껏해야 13세였던 그의 제국도 급속히 분열하며 마케도니아-그리스(안티고누스), 프톨레마이오스(이집트)와 셀레우코스(시리아)의 세 독립 왕국과 여러 작은 나라로 변했으며 통일된 세계는 사분오열되었다.

알렉산더를 어떻게 평가할 것인가도 어려운 문제가 되었다.

광적인 숭배는 오랫동안 시들지 않았다. 적어도 로마인들 눈에 알렉산더는 끝까지 영웅이었다. 율리우스 카이사르는 이집트의 알렉산더 능묘에서 최상의 예를 갖추었고 아우구스투스의 반지에는 알렉산더의 얼굴이 새겨져 있었다. 초기의 기독교도들은 금발을 나풀거리고 수염이 없는 알렉산더의 모습으로 예수 그리스도를 묘사하기도 했다.

반면 비판의 목소리도 끊이지 않았다. 비판하는 사람들이 보기에 알렉산더는 포악하고 허풍이 심했으며 야만스럽고 독재적이었다. 정치도 모르고 경제에도 문외한이었으며 발명이나 공로도 없었고 후계자도 없었다. 기껏해야 군사 분야에서 기적을 세운 게 전부였는데, 그 기적이란 것도 한 줄기 불꽃에 불과했다.

알렉산더의 미모마저도 죄명이 되었다. 비판자들은 30대가 젊음을 유지하려고 수염을 자른 것은 변태임이 분명하며, 최소한 허영심이 강한 것이라고 말했다. 그렇게 자기애가 강한 사람을 위대하다고 할 수 있을까?

이쯤 되니 항우가 생각난다.

20세에 왕위를 계승하고 33세에 명을 달리한 알렉산더는 항우처럼 소년 영웅이었고, 일생을 거의 말 위에서 보냈다. 정도는 다르지만 두 사람 다 폭행을 저지르기도 했다. 이를테면 알렉산더는 테베를 미친 듯이 불태웠고 티레 사람 30만 명을 노예로 팔았다.

그러나 알렉산더는 전쟁에서 거의 보복을 하지 않았고 원칙적으로 군대의 약탈도 금지했다. 이 젊은 정복자는 다른 나라를 점령할 때 함양에서의 유방이나 키루스처럼 현지의 풍속을 존중하고 현지의 신앙을 존경하며 현지의 법을 보존하고 현지의 관리를 임용하는 모습을 보여주었다.

항우는 성을 점령한 뒤 주민을 학살했지만 알렉산더는 성을 건설했고, 항우는 책을 태웠지만 알렉산더는 책을 읽었다는 점이 더 중요하다.

신축한 도시는 모두 알렉산드리아라고 불렸는데 가장 유명한 것은 이집트에 있었다. 나일 강 삼각주의 전략적 요충지에 위치한 새로운 성터는 알렉산더가 「호메로스 찬가」의 묘사에 따라 선정했다. 성에는 특별히 대형 도서관도 지었다. 유클리드가 그곳에서 『기하학 원론』을 완성했고 아르키메데스는 그곳에서 공부하며 유명한 스승들을 두루 방문했다.

아마도 이것이야말로 알렉산더의 가장 중요한 유산일 것이다.

전혀 이상할 것이 없다. 알렉산더는 아리스토텔레스의 학생이었고 아리스토텔레스는 마침 그리스화된 마케도니아인이었기 때문이다. 스승과 학생 둘 다 이성을 숭상했고 아테네를 세계 문화의 중심으로 보았다. 그래서 알렉산더가 남정북벌에 나설 때는 마치 과학탐사대처럼 자연과학자, 천문학자, 지질학자와 기상학자가 뒤따랐다.

알게 모르게 그리스 문화의 영향을 받은 알렉산더는 지식과 지식인을 굉장히 존중했다. 코린트에서는 찾아와 귀순할 의사를 밝힌 귀족들을 거들떠보지도 않은 반면, 디오게네스는 친히 가서 만났다. 그런데 이 키니코스 학파의 철학자는 실오라기 하나 걸치지 않은 알몸으로 누워서 일광욕을 즐기며 황제 폐하를 상대하지 않았다.

"제가 선생님을 위해 뭐라도 좀 할 수 있는 게 있을까요?" 알렉산더가 공손하게 물었다.

045 "당연히 있지요." 디오게네스가 대답했다. "저쪽에 좀 가서 서 있

으시오, 젊은이! 햇빛 가리지 말고."

수행원들이 소리를 죽이고 웃었다.

정작 알렉산더는 정말로 자리를 비켜줬다. 그러고는 "내가 알렉산더가 아니었다면 디오게네스가 되었을 것"이라고 엄숙하게 말했다.

항우는 그렇지 못했을 것이고 유방도 그렇지 못했을 것이다.

실제로 고관보다 학자를 더 존귀하게 여길 수 있는 이들은 그리스인과 그리스의 교육을 받은 사람밖에 없었다. 이것은 일종의 정치적 미덕이었고 이런 미덕은 르네상스 이후 서구 문명의 정신으로 자리 잡았으며, 그 덕분에 서구세계가 활발하게 발전하면서 멀찌감치 선두를 달리게 되었다.

또 다른 일화가 있다.

『국부론』이 출간되고 12년 뒤인 1788년에도 여전히 세관 직원이었던 애덤 스미스는 한 공작의 집에 손님으로 초대를 받았다. 애덤 스미스가 거실에 들어서자 높은 귀족과 재계 거물들이 모두 일어나 그 비천한 신분의 말단 공무원에게 허리를 굽혀 인사하며 경의를 표했다.

애덤 스미스는 수줍어하며 말했다. "어르신들, 자리에 앉으십시오."

이미 스미스 곁으로 온 영국 수상 피터가 말했다. "선생이 아직 서 계신데 학생들이 먼저 앉는 법이 어디 있습니까?"

1년 뒤 미국의 헌법이 발효되고 프랑스 대혁명이 시작됐다.

물론 알렉산더가 예상치 못했던 상황이지만 그로부터 전해 내려온 **046**

풍습과 공덕의 결과였다. 알렉산더였기에 이집트, 서아시아, 중앙아시아, 동지중해 지역이 그리스화되기 시작했고, 그로써 새롭고 더욱 세계화된 새로운 문명 시대를 열었다.

알렉산더는 세계시민이었다.

그렇다. 그는 마케도니아에서 태어나 바빌론에서 죽고 이집트에 묻혔지만, 그리스 문명의 씨앗을 세계에 퍼뜨렸다. 그의 제국은 그의 수명보다 더 길지 못했고 그리스화된 세계도 약 1세기 이후 산산조각나긴 했지만.

위대한 민족만이 흩어진 조각들을 통합해 더 찬란한 문명을 만들 수 있다. 그 민족은 그 뒤 수 세기 동안 정치와 문화 면에서 상당히 뛰어난 천부적 재능을 보여주었고, 그들이 세운 제국과 문명도 중국의 한나라와 자웅을 겨루며 세계적으로 명성을 누렸다.

이제 로마인이 등장할 차례다.

제국의 원수 옥타비아누스가 보기에는 정적의 부인이나 딸과 침대에 오르는 것이
적을 감시하는 최고의 방식이었다. 따라서 그런 로맨스는
스캔들이나 풍속을 어지럽히는 일이기보다는 나라를 위해 몸을 바치는 것이었다.

갓 태어난 송아지

장화처럼 지중해로 뻗어 있는 아펜닌 반도는 이탈리아라고도 불린다. 이탈리아Italia는 이탈로스Italos를 그리스어화한 형태일 가능성이 높고 송아지의 나라라는 뜻이다.

그러나 반도의 진정한 갓 태어난 송아지는 로마였다.

로마는 이탈리아 중부에 위치한다. 그곳에는 테베르 강이 있는데 서북쪽 해안은 에트루리아라고 하며 에트루리아인들이 살았고, 동남쪽 해안은 라티움이라고 하며 라티움인들이 살았다.

라티움인이 로마인의 조상이다.

로마의 역사는 전설 속에서 시작되었다. 전설에 따르면 기원전 753년 4월 21일, 즉 중국의 주周 평왕平王이 동쪽의 낙양으로 천도하고 17년 뒤에 로물루스라는 사람이 팔라티노 언덕에 도시를 세우고 는 자신의 이름을 따서 로마Roma/Rome라고 명명했다.

물론 신빙성이 없는 이야기다.

더 믿기 힘든 것은 로물루스와 그의 쌍둥이 형제가 전쟁의 신 마르스(그리스 신화에서는 아레스— 옮긴이)의 아들이라는 것이다. 두 형은 작은 외할아버지에게 버림받은 뒤 암컷 이리가 먹여 살렸고 이후 다시 양치기 부부가 어른이 될 때까지 키웠다. 그래서 경계심이 강하고 민첩한 암컷 이리가 로마성의 상징이 되었다.

로마인은 '이리 새끼'다.

이리 새끼의 전설은 그냥 듣고 넘어가야 한다는 걸 모두가 아는데도 로마인들은 굳이 믿고 싶어했다. 로마의 작가인 리비우스는 로물루스가 성을 건축할 때 대중에게 이런 말을 했다고도 전했다. "하늘이 우리에게 사명을 내렸으니 언젠가 우리 로마는 세계의 수도가 될 것이다."

이 말은 물론 현실이 되었다. 아주 오랜 뒤의 일이긴 하지만.

실제로 전설 속의 성 건축부터 진정한 로마 공화국이 탄생하기까지 로마는 2세기 반 동안 세상에 알려지지 않았고 에트루리아인의 통치를 받았다. '강 위의 성'이라는 뜻의 '로마'라는 이름도 에트루리아인이 지어줬을 가능성이 높다.

에트루리아인은 인도유럽어족이 아니지만 알파벳을 로마에 도입했다. 그리스인들에게서 배운 것인데 그리스인은 페니키아의 학생이다. 페니키아인은 세계 최초로 알파벳을 발명했으며 인도, 아랍, 슬라브

알파벳의 조상이기도 하다.

로마인이 에트루리아인에게서 배운 것으로는 쟁기, 도시 배수 시설, 주택의 정원 구조, 긴 튜닉 그리고 집정관이 외출할 때 수행원 12명이 각자 어깨에 나무 막대를 메고 가운데에 무기용 큰 도끼를 끼워 국가의 권력과 권위를 상징하는 격식도 있다.

이 의장儀仗 혹은 권장權仗을 파스스fasces라고 한다.

길의 배치와 자갈을 이용한 도로 배치 등 에트루리아인이 로마인을 도와 도시를 계획하긴 했지만 로마인은 계속해서 라틴어를 보존했고 자체적으로 사회 구조와 정치 조직도 만들었다. 또한 그 구조와 조직이 꽤나 남달라서 로마 문명은 따로 새로운 길을 개척할 수밖에 없었다.

그러면 어떤 것인지 한번 살펴보자.

초기 로마사회를 구성한 것은 씨족이었다. 열 개의 씨족이 하나의 포족Phratrie을 구성하고 쿠리아Curia라고 불렀다. 열 개의 쿠리아가 하나의 부락을 형성하고 트리부tribu라고 불렀다. 세 개의 트리부(즉 30개의 쿠리아)가 로마 시의 공동체를 구성하고 전체 구성원이 로마 시민이 되었다.

로마 시민(라틴어로 포풀루스Populus, 연맹국은 로마누스Romanus)은 매우 중요한 개념이며 로마 역사의 시작과 끝을 관통한다. 모든 집정자는 시민의 명의로 권력을 행사했다. 연맹국은 '로마 시민의 친구'라 불렸고 정치적 라이벌은 '로마 시민의 공적'이라고 선포됐다.

로마 시민을 대표하는 것은 민회로 쿠리아회Comitia Curiata라고도 하며 모든 성인 남자가 참여하고 쿠리아 그룹별로 공무를 논의했다. 쿠리아당 한 표의 의결권이 있어서 집정자를 선출하거나 전쟁이나 판결을 결정할 수 있었다.

그러나 민회는 권력 기구일 뿐이었고 의사결정 기구인 원로원은 사실 강호 두목들의 의사 기구였다. 선거나 입법을 하려면 우선 원로원에서 방안을 낸 다음 민회에서 의결했다.

이런 정치제도가 존재했던 것은 쉽게 이해가 간다.

실제로 원로원은 로마의 진정한 권위요, 영혼이었다. 로마인들은 그들의 국가를 기록할 때 통상 SPQR이라는 약자를 사용하는데 '원로원과 로마 시민Senatus Populusque Romanus'이라는 뜻이다. 이 점을 알아야 로마의 정치와 역사를 이해할 수 있다.

최고 집정자는 렉스Rex라고 하며 로마의 왕이다. 그런데 로마의 왕은 세습제가 아니라 종신제였다. 기존 왕이 세상을 떠나면 새로운 왕은 원로원과 민회의 선거를 통해서만 세워질 수 있었으며 아버지가 죽고 아들이 계승하거나 형이 죽고 동생이 뒤를 잇는 일은 없었다. 이처럼 렉스는 왕이라기보다는 종신제 대통령에 더 가까웠다.

이것이 공화제가 탄생하기 전의 로마였다. 역사학자들은 이 시기를 '왕정 시대'라고 부른다. 이것도 군주제라고 한다면 중국의 군주제와는 크게 다른 군주제다.

군주제의 중국은 천하라고 불렀다.

군주제의 로마는 공동체라고 불렀다.

천하의 통치권은 하늘에서 비롯되었다.

공동체의 통치권은 시민에게서 비롯되었다.

권력의 출처가 다르다보니 권한을 위임하는 방식도 달랐다. 중국에서는 방국邦國 시대에 하늘로부터 권한을 위임받은 천자가 제후에게 분봉을 했으며 제후는 대부大夫에게 분봉을 했다. 제국 시대에는 천자가 하늘로부터 권한을 위임받고 관리가 황권을 대행했다. 그 결과 봉건제를 실시한 천하는 사분오열되었고 군현제를 실시한 제국에서는 혼란한 국면이 반복되었다.

왕정 시대의 로마는 달랐다. 그들은 관계를 합리적으로 조절했기 때문이다.

권력의 주체: 로마 시민

권력 기구: 민회

의사결정 기구: 원로원

집행 기구: 로마 국왕

055　　꽤 바람직한 군주제였다. 최소한 이론상으론 권력이 시민에게 있었

다. 그러나 로마인들은 여전히 만족하지 않았다. 기원전 509년에 마지막 렉스를 쫓아내고 거침없이 왕정 시대를 끝냈다.

쫓겨난 로마의 왕은 타르퀴니우스다. 에트루리아인으로 왕위를 찬탈한 살인범이었다. 선왕인 세르비우스 툴리우스를 모살한 뒤에 민회의 선거도 거치지 않고 원로회의 동의도 얻지 않은 채 멋대로 왕위에 올라 25년간 국가를 통치했다.

타르퀴니우스가 쫓겨난 근본적 원인은 로마의 정치 전통과 게임의 룰을 버젓이 무시했기 때문이다. 원로원에 의견을 구하는 법이 없었으며 자신의 의사결정에 동의하는지를 민회에 물어본 적도 없었다. 물론 전신 무장한 호위병이 보호하지 않으면 궁의 문을 한 발짝도 벗어나지 않았다.

그래서 이 사람에겐 '오만한 타르퀴니우스'라는 별명이 생겼다.

오만한 타르퀴니우스는 군사와 외교 분야의 천재라고 할 수 있었으나 국내에서는 원한을 차곡차곡 쌓았다. 특히 셋째 아들이 남달랐다. 친척 집에 손님으로 가서는 검을 든 채 젊고 아리따운 여주인을 강간했다.

수치를 당한 여자는 칼로 자결했다. 그녀는 죽음을 앞두고 힘겹게 숨을 쉬며 그 자리에 있던 남자들에게 복수를 해달라고 청했다. 소식을 들은 남자들이 서둘러 왔는데, 그중에는 그녀의 아버지와 남편 그리고 남편의 친구인 로마 공화국의 창건자 루키우스 브루투스도 있었다.

　열녀의 시신이 로마 광장에 놓였고 브루투스는 사방에서 모여든 시민들에게 연설했다. 분노한 시민들은 왕과 그의 일가 전체를 국경 밖으로 쫓아내는 데 만장일치로 동의했다. 그리하여 외부로 원정을 나갔던 오만한 타르퀴니우스가 로마로 돌아왔을 때 그를 맞은 것은 굳게 닫힌 성문이었다.

　왕을 쫓아내는 데 성공한 브루투스는 로마 광장에 민회를 소집했다. 정치 체제를 바꾸자는 건의를 내고 전 시민에게 하늘에 맹세하도록 요구했다. "앞으로 누구도 왕위에 오를 수 없고 로마 시민의 자유를 침범할 수 없으며 개인의 전제와 독재가 있어서는 안 된다."

　제안이 통과되었다. 집권 방식의 왕정 체제는 이미 역사적 사명을 완수했는지도 모른다. 갓 태어난 송아지처럼 혈기가 왕성한 로마인들은 그들에게 필요한 것은 왕이 아니라 자유와 법이라고 생각했다.

　로마 공화국이 탄생했다.

　이때 중국은 춘추시대 노魯 정공定公 원년이었다.

　로마는 공화국 원년이었다. 또한 이 제도는 전한과 후한 시기를 합친 것보다 더 긴 세월인 500년간 지속되었다.

공화제를 보위하라

공화국을 창건한 브루투스가 1대 집정관에 당선됐다.

집정관이란 기존의 로마 왕이다. 다른 점이 있다면 집정관의 임기는 1년뿐이며(여러 번 재선 가능) 집정관은 두 명이다. 두 명의 집정관은 동일한 권력을 지니며 각자 상대방의 의사결정을 부결할 수 있었다. 따라서 그들은 어쩔 수 없이 성실하게 단합하고 서로 협의하며 누구도 제멋대로 날뛸 수 없었다.

물론 권력을 남용할 수도 없었다.

권력은 반드시 우리에 가둬두어야 했다. 현대 국가들이 반복해서 강조하는 이 정치 이념을 로마인은 2500년 전에 이미 파악했다.

그럼에도 집정관이 되면, 특히 공화국 초창기에는 중국의 주공周公처럼 조심스러워하며 마음을 졸여야 했다. 시민들이 새로운 제도를 신뢰하지 않았고 그들이 국왕으로 변할지 그렇지 않을지를 몰랐기 때 **058**

문에 브루투스와 그가 만든 새 제도는 검증을 받아야 했다.

검증의 시간은 곧 다가왔다.

젊은이들이 화근을 만들었다. 원로원의 구성원이 온통 노인인 것에 불만을 품고 공화국의 정치체제를 뒤엎고 쫓겨난 타르퀴니우스를 복귀시킬 밀모를 꾸몄다. 이 일을 위해 그들은 비밀집회를 열고 삽혈로써 동맹을 맺었다.

소식이 새어나간 뒤 청년들은 심판정에 구속됐다.

심판은 민회에서 진행되었고 피고 중에는 브루투스의 두 아들도 끼어 있었다. 모든 시선이 집정관에게 쏠렸고 다른 집정관의 얼굴에는 눈물이 흘렀다. 피고 가운데 그의 친척도 있었기 때문이다.

보아하니 반역자들이 죽지는 않을 듯했다. 규정에 따르면 두 집정관의 의견이 일치하지 않으면 판결은 무효였다.

브루투스는 가정법을 적용하기로 결정했다.

그렇다. 로마에서는 부모가 자녀의 생사권을 쥐고 있었다.

브루투스가 아들에게 물었다. "너희는 왜 스스로를 변호하지 않느냐?"

두 청년은 한마디도 하지 않았다.

브루투스는 몇 번을 다시 물었다.

그의 아들은 여전히 침묵을 택했다.

059 브루투스는 호위병에게 말했다. "이제 그대들에게 맡기지."

형벌은 그 자리에서 집행되었다. 두 청년은 옷이 벗겨졌고 양손이 뒤로 결박된 채 채찍질을 당했다. 살갗이 찢어지고 살이 터진 뒤에 도끼로 머리가 잘렸다. 모두가 이 장면을 제대로 쳐다보지 못했으나 브루투스 한 사람만은 차분하고 침착하게 자신의 아들을 바라보다가 형이 끝나고 나서야 자리를 떠났다.

다른 집정관은 앉아 있지를 못했다. 그는 결국 사임하고 자발적으로 해외로 망명했으며 로마인들도 법에 따라 더 이상 추궁하지 않았다.

브루투스가 대의를 위해 자식을 봐주지 않은 것은 그에게 깊은 근심이 있었기 때문이다. 공화국은 바람 잘 날 없는 가지 많은 나무 형국이었고 타르퀴니우스는 아직 희망을 버리지 않은 채 살아 있었기 때문이다. 밀모가 실패했다는 소식을 들은 타르퀴니우스는 역시나 재기를 꾀했다. 결국 공화국을 지키려는 전투에서 브루투스는 장렬히 전사했다.

이제 발레리우스가 검증을 받을 차례다.

발레리우스는 사임한 집정관의 후임으로 선출되었고 반복된 싸움에 브루투스와 함께 전투에 임했다. 그러나 로마인들은 그에게 의심을 품고 불만을 표했다. 개선가를 울리며 돌아올 때 그의 전차에 백마가 네 필이나 있었고, 집 건물도 기세가 예사롭지 않았기 때문이다.

로마인들은 의심했다. "저 사람, 왕이 되려는 거 아니야?"

여론을 들은 발레리우스는 즉시 자신의 호화 주택을 허문 뒤 땅값

이 저렴한 지역에 소박한 집을 지었다. 어떤 사람이든 자유롭게 드나들 수 있었으며 대문은 로마 시민에게 언제든 개방되었다.

이 대목에서 유방이 떠오른다.

유방이 황제에 오른 뒤 소하蕭何가 장안에 미앙궁을 지었다. 유방은 이를 못마땅하게 여기며 말했다. "천하가 안정되지 않았고 백성이 편안하게 살지 못하는데 어찌 대규모 토목공사를 할 수 있겠나?" 그러나 소하는 대답했다. "천하가 어지럽기 때문에 수도를 건설해야 하는 것입니다. 무엇보다 웅장한 궁정이 없는데 어찌 천자의 존엄을 드러낼 수 있겠습니까?"[1]

이처럼 도덕적으로는 문제가 없었다. 문제가 있는 것은 제도였다.

발레리우스도 공화국을 지키기 위해 제도를 만드는 일부터 착수했다. 그는 일련의 법을 제정했다. 예를 들면 과거에 국왕이 관장했던 국고를 재무관이 관리하도록 바꾸고 법무관이 내린 판결에 대해 시민이 민회에 소송을 제기할 수 있도록 했다. 또한 누군가 왕위를 노리면 그 목숨과 재산을 박탈했다.

이 법들은 로마인의 갈채를 받았고 발레리우스도 공공의 이익을 수호하는 사람이라는 뜻에서 '친민자親民者'라 불렸다.

6년 뒤 나라를 위해 온 힘을 바친 발레리우스가 세상을 떠났다. 집정관은 급여를 받지 않았고, 이 친민자는 일찌감치 가산을 탕진했던 까닭에 가족들은 장례비조차 낼 수 없었다. 결국 로마 시민들이 자발

---

1 『사기』「고조본기高祖本紀」 참고.

적으로 돈을 기부해서 장례를 치러줄 수 있었다. 로마의 여인들은 그를 위해 1년간 상복을 입었다.

이전에 이런 대우를 누린 사람으로는 브루투스가 있었다.

브루투스가 전사하고 발레리우스도 세상을 떠났지만 공화정 체제는 로마에 정착했고, 400여 년 동안 아무도 감히 체제를 흔들어 왕이 되려는 생각을 하지 않았다.

로마인은 자신만의 길을 선택했다.

공화국 로마에 예상하지 못한 복병이 불쑥 나타났다. 그들은 이탈리아를 정복하고 지중해를 장악했으며 스페인을 집어삼켰다. 기원전 241년, 즉 초나라 고열왕考烈王의 6국 연합군이 진나라 왕 영정嬴政의 함곡관函谷關 앞에서 전쟁도 치르지 않고 도망갔을 때 로마는 이미 최초의 해외 속주인 시칠리아를 얻었다. 2년 뒤에는 사르데냐와 코르시카도 차지했다. 장건張騫이 서역을 왕래할 당시에는 이런 속주가 아홉 곳이나 되었다. 그리스는 로마의 아카이아가 되었고 카르타고는 아프리카가 되었다.

지중해 역사는 로마인만 쓸 수 있었다.

이때 로마인은 공화국의 창건자와 보위자들을 떠올렸어야 한다. 그들은 한두 명이 아니었고, 꼭 위대한 인물만 있었던 것도 아니며 평범하기 그지없는 사병 신분으로 천지를 놀라게 한 경우도 있었다.

무키우스 스카이볼라가 좋은 예다.

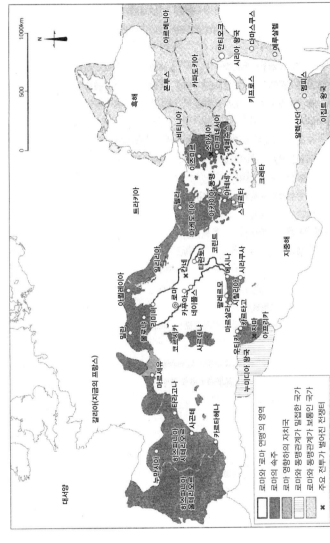

기원전 130년 전후 로마 공화국의 속주. 시오노 나나미의 『로마인 이야기』 2권 326쪽에서 인용.

무키우스는 포르센나를 암살하다가 포로로 붙잡혔다. 포르센나는 에트루리아 연방의 왕이며 용맹한 장수다. 타르퀴니우스의 왕위 탈환을 돕기 위해 포르센나는 친히 군대를 이끌고 와서 로마를 공격했다. 그는 무키우스의 암살 시도에 화가 치민 나머지 혹형을 거행하기 위해 큰 불을 준비했다.

그러나 무키우스는 조금도 두려워하지 않았다. 그는 불이 붙은 나무를 들어 자신의 오른손 바닥에 놓았고, 살이 타는 냄새는 모든 사람의 심금을 울렸다. 얼굴색 하나 변하지 않은 무키우스가 포르센나에게 말했다. "공화국을 지키기로 결심한 로마인은 죽음을 두려워하지 않으니 국왕 폐하께선 마음의 준비를 충분히 하시는 것이 좋을 것입니다."

포르센나는 타르퀴니우스의 복위를 돕겠다는 생각을 접었고, 그 뒤로는 아무도 로마인의 선택을 흔들지 못했다. 훗날 로마인들 스스로 노선을 바꿔 로마 공화국도 결국 로마 제국이 되기는 했지만. 그러나 공화국이 세워진 것은 한 사람의 공이 아니었고 군주제로 향하는 데도 기나긴 과정이 필요했으며 많은 사람의 지원이 있었다.

하지만 아무래도 카이사르는 단독으로 이야기해야 한다.

살해당한 것이 카이사르뿐인가?

기원전 45년 율리우스 카이사르에겐 한 무더기의 관직명과 직함이 있었다. 5년 임기의 집정관, 종신호민관, 종신독재관, 대원수, 대교장 등. 그 밖에 '조국의 아버지'라는 존칭도 있었다.

전대미문의 일이었다. 따라서 학자들은 이때쯤에는 공화제가 이미 죽었고 매장할 시간이 필요했을 뿐이라고 생각한다.

사실 카이사르가 대권을 독점한 것이 로마인이 공화제에서 군주제로 나아간 첫 단계는 아니었다. 첫 단계를 내디딘 것은 무임기 독재관이라는 관직명을 지닌 술라Lucius Cornelius Sulla였다. 왕망王莽이 한나라의 황제 권력을 찬탈했을 때 먼저 대사마大司馬가 되어야 했던 것처럼, 여기서도 관직명이 매우 중요하다.

그러면 독재관이란 무엇인가?

전한의 대사마와 마찬가지로 로마의 독재관도 기존의 제도가 아닌 발명한 것이다. 다만 한 무제는 재상에게서 권력을 빼앗기 위해 대사마를 발명했지만 로마인은 권한을 위임하기 위해 독재관을 발명했다.

우선 집정관에서부터 이야기를 시작해야 한다.

앞서 말했듯이 로마 공화국의 집정관은 두 명이었다. 물론 권력의 남용과 왕정王政의 부활을 방지하기 위해서였지만 실제 운영함에 있어서 문제가 많았고, 특히 전쟁 시대에 문제가 속출했다. 전쟁을 하려면 명령과 금지를 엄하게 집행해야 하고 독단적인 결정이 필요한데, 두 사람의 권력이 엇비슷하니 어찌 지휘를 하겠는가?

초기에는 한 집정관이 군대를 이끌고 출격하며 다른 집정관은 남아 있거나, 한 사람은 기병을 지휘하고 다른 한 사람은 보병을 지휘하는 방법을 취했다. 제일 웃긴 것은 일별로 돌아가며 지휘하는 방법이었는데 당연히 엉망진창이 되었다.

그래서 독재관을 세웠다.

규정에 따르면 국가가 긴급 상황일 때 원로원은 독재관을 임명할 수 있었다. 정치체제를 바꿀 권한이 없는 것만 빼면 독재관은 절대 권력을 누렸다. 독재관이 특권을 행사하는 기간에는 집정관과 다른 고위급 장관들은 모두 활동을 중단하거나 독재관의 명령에 따라야 했다. 그래서 독재라고 불렀다.

물론 독재관이니만큼 딱 한 명이었다.

이를 위해서 독재관은 24개의 파시스를 든 도끼수들이 선봉에서 **066**

앞장설 수 있었다. 집정관의 두 배였다. 의미가 아주 명확하다. 두 집정관의 권력을 한 사람에게 모은다는 뜻이다.

독재관이 쉽게 국왕이 될 가능성이 있음을 알 수 있다. 그러나 특정한 정치체제를 지키려면 해당 체제의 이념에 위배되는 일을 해야 할 때도 있다. 다만 조심스럽고 제한적으로 진행해야 한다.

따라서 독재관은 임기가 6개월에 불과했다.

이렇게 보면 술라가 무임기 독재관이 되었다는 것이 무슨 의미인지는 말하지 않아도 명확하다. 술라는 3년 뒤에 사임하고 시골에 은거하긴 했지만 1000리의 둑도 개미구멍에 무너지는 법, 술라가 전례를 깬 만큼 반드시 뒤를 이을 사람이 있었다.

이제 카이사르 차례가 왔다.

카이사르는 알렉산더를 숭배했고 업적과 매력 면에서 알렉산더에 전혀 뒤지지 않았다. 그가 예리한 안목을 지닌 정치가, 백전백승의 군사가, 언변이 좋은 연설가, 재능이 넘치는 문학가였음은 거의 모든 사람이 동의하는 사실이다. 몽테스키외는 "어떤 군대를 통솔해도 그는 항상 승리자였을 것이며 어떤 국가에 태어났어도 그는 지도자였을 것"이라고 카이사르를 평가한 적이 있다.

물론 카이사르도 단점이 있었다.

그는 허영심이 강했다. 대머리를 감추려고 1년 내내 월계관을 썼다. **067** 그는 여색을 밝혔다. 하고 싶은 대로 방탕하게 생활했고 평생 많은 여자가 있었다. 그는 거만했다. 기원전 47년에 반란을 평정하러 소아시아에 갔을 때 원로원에게 승전보를 썼는데 달랑 일인칭 단수의 라틴어 단어 세 개가 전부였다. veni, vidi, vici. '왔노라, 보았노라, 이겼노라'라는 뜻이다.

카이사르에 대한 논쟁은 분분하지만 두 가지 사실은 의심할 여지가 없다. 그는 위선자가 아니었고 겁쟁이도 아니었다. 기원전 49년 1월 1일에 정적인 폼페이우스에게 조종당한 원로원은 카이사르의 병권을 회수한다는 명령을 내리고 그를 시민의 공적公敵이라고 선포했지만 카이사르는 열흘 뒤에 루비콘 강에 도착했다. 카이사르는 속주의 총독이었기 때문에 일단 강을 건너면 법에 따라 모반으로 간주될 터였다.

운명을 결정지을 순간이 다가왔다.

카이사르는 정의를 위해 조금도 주저하지 않고 강을 건너라는 명령을 내렸다. 그는 전사들에게 "주사위는 이미 던져졌다. 신들이 기다리는 곳으로 나아가자!"고 말했다.

카이사르는 파죽지세로 로마로 들어갔다. 반대파의 수장인 폼페이우스는 그리스로 도망간 뒤 다시 이집트로 도망갔다가 결국 이집트에서 프톨레마이오스 13세에게 살해되었다. 폼페이우스의 머리가 알렉산더 항에 도착하자 카이사르는 울었다.

폼페이우스가 살해된 것은 기원전 48년 9월 28일이었다. 약 3년 뒤인 기원전 44년 3월 15일에 카이사르도 58세 생일을 4개월 앞두고 원로원의 폼페이우스 조각상 아래에서 살해됐다.

카이사르를 모살한 것은 일명 공화파였다.

공화파는 나름의 논리가 있었다. 사실상 카이사르는 이미 제왕이나 다름없었기 때문이다. 카이사르는 앞에서 말한 직함뿐 아니라 많은 특권도 있었다. 또한 화폐에 자신의 얼굴 옆모습을 새기는 선례도 만들었다. 은화에만 등장했음에도 사람들 마음에 경계심을 심어주기엔 충분했다.

공화파가 더 우려한 것은 카이사르가 파르티아(즉 반초의 사신 감영 일행을 저지한 국가)로 원정을 가려고 한다는 점이었다. 용맹하고 싸움에 능한 카이사르라면 승리는 따놓은 당상이었다. 당시로선 그가 황제가 되는 것을 아무도 막을 수 없었다. 원로원은 심지어 카이사르를 왕으로 추대하는 방식으로 그의 승리를 미리 축하했다.

무엇보다 카이사르 본인은 왕이라는 칭호와 관모를 거부하긴 했지만 공화제도에 대한 불만을 거침없이 쏟아냈다. 어차피 18개의 속주를 가진 로마는 사실상 이미 제국이었으니, 낡은 제도가 어찌 적응할 수 있었겠는가!

따라서 카이사르는 언젠가는 공화제에서 군주제로 가는 또 하나의 루비콘 강을 건널 것이었다.

또한 그러므로 공화제를 지키려면 카이사르를 죽여야 했다.

069　암살은 원로원 회의가 시작되기 전에 벌어졌다. 공화파 의원 14명

이 단검을 들고 한꺼번에 몰려들어 카이사르를 찔렀고 수적으로 열세인 카이사르는 질퍽한 피바다에 쓰러졌다. 존엄성을 지키며 죽기 위해 그는 망토로 전신을 감쌌다.

카이사르가 죽으니 공화제가 지켜졌을까?

그렇지 않았다.

공화파가 생각하지 못한 점이 있었다. 그들은 "폭군이 죽었다, 우리는 자유다" 등의 구호를 외치며 길거리로 나갔으나 시민들은 아무런 호응도 하지 않았다. 반대로 카이사르의 시신을 화장할 때 시민들은 활활 타오르는 화염으로 들고 있던 횃불에 불을 붙여 암살자의 저택으로 물밀듯이 몰려갔다.

공화제를 지킨 영웅은 길거리의 쥐처럼 사람들의 지탄을 받았다.

역사의 과정은 더욱 드라마틱하다.

기원전 43년 11월 28일에 당국은 암살 집단의 주범 명단을 발표했다. 그들의 정신적 지도자인 키케로는 암살에 직접 참여하지는 않았지만 역시 12월 7일에 살해됐다. 로마 최고의 평론가였던 그의 머리와 손은 잘려서 광장에 걸렸으며 혀에는 못까지 박혔다.

기원전 4년 1월 1일에 원로원은 고인이 된 카이사르를 신으로 받드는 결의를 통과시켰다. 개국 군주인 로물루스 이후에 두 번째로 신의 일원이 된 로마의 지도자다.

기원전 27년 1월 16일에 원로원은 카이사르의 양아들인 옥타비아누스에게 존엄자라는 뜻의 '아우구스투스'라는 칭호를 수여했다. 그 전에 그는 이미 원수, 제일시민, 수석원로라는 뜻의 '프린스prince'로 불리고 있었다. 또한 연이어 집정관을 연임했으며 종신호민관이었고 대원수이자 개선장군이었다. 기원전 12년에는 대제사장도 역임했다.

로마 최초의 황제가 탄생했다. 황제라고 부르지는 않았지만.

공화국은 이렇게 제국으로 변했다. 공화제를 지키던 사람들은 카이사르를 모살하는 동시에 그 정치체제도 죽였다.

이렇게 될 것을 뭐하러 그렇게 애를 썼을까?

카이사르가 남긴 유지였는지는 확신할 수 없지만 그가 생전에 지목한 후계자가 옥타비아누스인 것은 맞다. 원로원과 많은 사람이 예상하지 못한 결과였다. 그 전까지 옥타비아누스의 이름조차 들어보지 못한 사람도 적지 않았다.

그래서 그들의 질문은 우리의 질문이기도 하다.

왜 옥타비아누스였을까?

옥타비아누스의 등극

18세가 된 옥타비아누스는 카이사르가 암살되고 1개월 뒤에 서둘러 로마로 돌아왔다. 사실 그 자신마저도 카이사르가 자신을 양자로 삼고 성을 물려줄 것을 사전에 알지 못했다. 옥타비아누스는 그런 신뢰에 깊이 감동했다. 그는 카이사르의 유지를 받들어 양아버지가 끝내지 못한 사업을 완성하기로 결심했다.

그 사업은 바로 '로마 통치하의 평화'였다.

이것이야말로 옥타비아누스 평생의 최대 공훈이며 군주제를 구축한 것은 그다음이거나 수단에 불과했다고 할 수 있다. 다만 이 목표를 달성하려면 먼저 대권을 장악해야 하며 최소한 입지를 확고히 굳혀야 했다.

결코 쉽지 않은 일이었다. 로마인들은 늘 가문을 중시했고 국가의 지도자라면 공로가 탁월하며 노련하고 신중해야 한다고 생각했기 때문이다. 그러나 옥타비아누스는 가난한 집안 출신에 전쟁에서 쌓은 공도 없었고 어린 나이에 체력이 약하고 잔병치레가 잦았으며 키도 170센티미터밖에 되지 않았으니 무슨 자격으로 카이사르 대제의 후계자가 된다는 것인가?

청년, 자네가 할 수 있겠나?

옥타비아누스는 기어코 해냈다. 카이사르가 암살되고 1년여 뒤인 기원전 43년 8월에 옥타비아누스는 로마 민회에서 압도적인 우위로 집정관에 당선됐다. 사실 당시 그는 집정관의 법정 나이(21세)보다 2년이나 어렸다.

13년 뒤, 30세에 접어든 옥타비아누스는 아무 이견 없이 로마의 독재자가 되었다. 정적들은 모두 명예와 지위를 잃은 채 역사의 무대에서 물러난 반면 옥타비아누스는 활기를 띠기 시작하며 전성기를 맞았다.

그는 어떻게 해냈을까?

그를 도와준 두 사람이 있었다. 동기는 정반대였지만.

바로 마르쿠스 안토니우스와 키케로였다.

키케로는 로마 최고의 지혜자였고 카이사르를 암살한 공화파의 정신적 지도자였다. 안토니우스는 카이사르의 보좌원이자 전우였으며 카이사르와 함께 집정관을 지냈다. 따라서 안토니우스는 카이사르가 사전에 작성한 유서에서 옥타비아누스를 후계자로 지목한 사실을 알

앉을 때 온몸에 한기가 돌았다.

반면 나름 주도면밀하고 치밀하다고 생각한 키케로는 기회가 왔다고 여겼다. 그가 보기엔 안토니우스가 목적을 달성하도록 놔두면 카이사르의 죽음은 헛수고였다. 반대로 옥타비아누스는 노력해서 이용해볼 만했다. 옥타비아누스는 키케로에게 손아랫사람으로서의 예의를 극진히 갖추며 존경의 마음이 넘치는 편지를 쓰면서 키케로를 '작은 아버지'라고 불렀기 때문이다.

그래서 키케로는 옥타비아누스를 방해하려는 방침을 바꿔 옥타비아누스를 등극시키는 데 힘쓰기로 결정했다. 하지만 옥타비아누스가 꾹꾹 눌러서 드러내지 않고 있다뿐이지, 솜씨와 악랄하기가 중국의 사마의司馬懿에 결코 뒤지지 않는다는 사실을 키케로가 어찌 알았으랴. 옥타비아누스는 집정관에 당선되자마자 '카이사르 옥타비아누스'라는 호칭을 정식으로 사용하기 시작하며 카이사르를 죽인 사람은 모두 죄인이라고 선포했다.

키케로도 머리를 바쳐야 했다.

옥타비아누스와 협력해서 키케로 일파를 소탕한 안토니우스는 또 다른 실수를 범하기 시작했다. 자신의 아내이자 옥타비아누스의 누이인 옥타비아를 버리고 이집트 여왕 클레오파트라와 결혼했으며 자신이 다스리는 영토를 클레오파트라의 아들에게 주고 사후에 이집트에 묻히겠다는 유언을 남겼다.

이런 행동들에 로마 시민은 큰 상처를 받았지만 옥타비아누스는 안토니우스의 실수를 모조리 자신의 자본으로 바꿨다. 또한 한술 더 떠서 원로원과 로마 시민에게 진짜 원흉은 그 이집트 여자이니 국가와 국가 간의 전쟁을 통해서만 로마의 치욕을 씻을 수 있다고 전했다.

안토니우스라는 이름은 처음부터 끝까지 한 자도 언급하지 않았다.

사적인 은혜와 원한이 국가의 이익과 민족의 영예로 바뀌었고 로마 성안에서는 죽이라는 외침이 끊이지 않았다. 옥타비아누스는 성공적으로 전쟁을 일으켰다.

전쟁의 결과는 모두가 아는 바와 같다. 안토니우스와 클레오파트라는 나란히 패배한 뒤 자살했고 로마는 옥타비아누스를 위해 성대한 승리의 축제를 열었다. 전쟁 기간에 줄곧 열어두었던 아레스 신전의 대문이 닫히고 평화의 여신이 세상에 강림했다.

옥타비아누스도 약속을 성실히 지켜 평화를 만들어가기 시작했다.

옥타비아누스는 승리를 거둔 뒤 안토니우스의 모든 잔당을 사면했다. 안토니우스와 클레오파트라가 낳은 쌍둥이는 옥타비아에게 양육을 맡겼다. 사형에 처한 사람은 카이사르와 클레오파트라의 사생자밖에 없었다.

전부 합리적이었고 적어도 말이 됐다. 관용은 카이사르가 일관되게 제창한 정신이었고 옥타비아는 안토니우스의 본처이자 로마의 아내였으며 사생자는 카이사르의 유언에서 인정하지 않았다. 옥타비아누스가 그 아이를 죽인 진짜 동기는 세상에 또 다른 카이사르의 계승자가 존재하는 것을 허락할 수 없었기 때문이긴 하지만.

그러나 옥타비아누스의 뛰어난 점은 그가 무엇을 하려고 했거나 어떤 목적을 가졌든지 항상 명분을 가지고 추진했다는 것이다. 정적의 아내나 딸과 침대에 오른 것도 적을 감시하기 위함이었다고 한다. 따라서 그런 로맨스는 스캔들이나 풍속을 어지럽히는 일이라기보다는 나라를 위해 몸을 바치는 것이었다.

카이사르에겐 절대 있을 수 없었던 방식이다.

바로 이 때문에 약관의 소년에서 제국의 원수가 된 옥타비아누스는 침착하게 감정을 드러내지 않았고 흠잡을 데 없이 완벽했으며 언행에 빈틈이 없었다.

정치 개혁도 마찬가지였다.

옥타비아누스는 우선 두 가지 일을 했다. 군비를 삭감하고 인구 조사를 실시했다. 군비 삭감으로 인해 시민들은 평화로운 행복을 누렸고 인구 조사를 통해 국가의 부강함을 느꼈다. 하지만 그와 동시에 문제 하나가 대중 앞에 놓였다. "우리 공화국이 이렇게 넓고 인구도 많은데 앞으로는 무력과 전쟁에 의존할 수 없으니, 그러면 '로마 통치 하의 평화'를 어떻게 보장할까?"

역시 중앙집권을 하는 수밖에 없었다. 공화제에서 군주제로 가는 것이다.

그러려면 원로원을 약화시켜야 했다. 그래서 옥타비아누스는 다시 두 가지 일을 했다. 의회 구성원을 줄이고 정보를 공개했다. 인원 축소는 당근과 채찍을 병행하여 잘 처리했고, 정보 공개는 의외로 의원들이 기뻐했다.

비결은 방식에 있었다.

사실 정보는 카이사르 시대부터 공개되고 있었다. 원로원의 회의 기록은 다음 날이면 로마 광장 담벼락에 붙었다. 그런데 옥타비아누스는 이 관례를 없앴다. 시민들이 차를 마시거나 식사를 마친 뒤 갖는 한가한 시간에 의원들의 발언이 더 이상 얘깃거리가 되지 않았으므로 의원들은 당연히 만족했다.

그러나 옥타비아누스는 그저 원래 붙였던 '원로원 기사'를 도서관으로 옮긴 것뿐이어서 누구나 아무 때고 열람할 수 있었다. 국가 정책이나 인사 변동에 관한 일은 「악타디우르나Acta Diurna」를 통해 로마 시민에게 발표했다. 다시 말해 옥타비아누스는 사실상 관영 홈페이지나 신문을 운영한 셈이다.

원로원은 은밀히 조작할 방도가 없었다.

물론 국가 기밀을 장악해 권위를 강화하는 것도 불가능했다.

이 제안에 대해 아무도 감히 반대표를 던지지 못했다. 옥타비아누스가 내건 이유가 정당했기 때문이다. "공화국의 시민은 국가 사무를 알 권리가 있다."

원로원은 받아들이는 수밖에 없었다. 알렉산더처럼 사람들에게 젊은 이미지로 보이고 싶어하는 이 미소년이 시민권을 이용하고 민주주의 방식으로 독재를 실현할 줄은 아무도 상상하지 못했다. 처음에 정말 그를 너무 얕봤다.

더 예상하지 못한 일이 발생했다.

기원전 27년 1월 31일에 옥타비아누스는 빈자리 없이 꽉 찬 원로원에서 연설을 했다. "내게 집중된 모든 권력을 오늘 여러분에게 돌려주기로 선포한다. 모든 무기, 권력과 속주, 정치, 군사와 외교 결정권을 포함한 모든 것은 원로원과 로마 시민에게 속한다!"

옥타비아누스가 공화정으로 복귀하겠다는 건가?

모두들 자신의 귀를 의심했다.

잠시 쥐 죽은 듯 정적이 흐른 뒤에 우레와 같은 박수가 쏟아졌다. 옥타비아누스는 보상도 받았다. 원로원이 만장일치로 '아우구스투스 Augustus'라는 칭호를 수여했다. 또한 공화정으로의 복귀를 선언하고부터 아우구스투스가 되기까지 단 사흘이 걸렸다.

아우구스투스는 사실 황제다.

황제 폐하는 '공화 만세'라는 환호성 속에서 왕관을 쓰고 제위에 올랐으며, 이는 옥타비아누스만이 연출할 수 있는 연극이었다. 확실히 그는 천재가 아니다. 술라처럼 의기양양하게 뛰어난 빛을 발하지도 않았고 카이사르처럼 거만하고 거침없는 성격도 아니었다. 하지만 그는 **078**

로마를 전쟁터에서 벗어나게 했고 제국을 정상으로 끌어올렸으며 세계 평화를 실현했다. 보통 사람인 그가 천재도 못 한 일을 이뤄냈다.

기원전 2년, 그러니까 왕망이 황제가 되기 6년 전에 옥타비아누스는 원로원으로부터 국부國父라는 칭호를 받았다. 그는 로물루스와 카이사르 이후 세 번째로 '조국의 아버지'라고 불린 사람이다. 옥타비아누스의 명성이 정점에 달했다.

16년 뒤, 아우구스투스 옥타비아누스는 임종 전에 마지막 질문을 했다. "내 연극 괜찮았어?"

물을 필요가 있는가? 훌륭하기 그지없었다.

제각기 흩어지다

로마 역사는 터무니없는 사건으로 가득할 운명이었던 것 같다. 공화정이 공화를 지키려는 사람 손에 죽었고 제국 제도가 공화를 회복하려는 사람에 의해 구축되었으며 신화급의 인물들이 비명횡사했고 평범한 사람이 비범한 업적을 세웠다. 이렇게 불가사의해 보이는 일들 덕분에 그들의 이야기에는 긴장감이 넘친다.

옥타비아누스 이후의 로마에는 자연스레 극적인 요소가 부족할 날이 없었다.

대체로 보면 옥타비아누스의 후계자들은 끝이 안 좋았다. 예수를 사형에 처한 티베리우스 클라우디우스 네로는 근위대에 살해됐고 후계자인 칼리굴라도 마찬가지였으며, 이어서 클라우디우스 1세는 네 번째 부인에게 독살됐다. 황위를 계승한 이는 그 여인이 전남편과 낳은 아들 네로Nero Claudius Drusus Germanicus였다. **080**

네로는 폭군의 대명사다. 그는 심지어 거만하게 날뛰던 어머니 아그리피나도 모살했다. 결국 원로원은 천인공노하게 만든 네로를 시민의 공적으로 선언했고 네로는 도망가던 도중에 자살했다.

그 뒤 네 명이 권력을 잡았는데 그중 두 명은 살해되고 한 명은 자살했으며 용케 살아남은 다른 한 명은 기를 쓰고 세금을 걷었으며 묘지의 화장실도 가만두지 않았다. 이자의 아들은 학대광이었다. 로마를 공포로 몰아넣었다가 결국 하인에게 살해됐고 원로원은 그 틈에 그를 시민의 공적으로 선언했다.

이것이 바로 아우구스투스 옥타비아누스의 사후다.

맞다. 그는 제왕이 될 만한 후손을 남기지 못하고 벼룩들을 얻었다.

그 뒤에는 기복이 심한 이야기가 이어진다.

학대광이 하인에게 살해된 뒤 뜻밖에도 로마에 희망이 나타났다. 100년간 괜찮은 황제 다섯이 연달아 나와 역사에서는 5현제라고 부른다. 그들은 제국의 영토 범위를 최대 수준으로 확장하고 당시 세계 최대의 문명권을 구축했다. 특히 세 번째 황제인 하드리아누스는 로마가 사람들에게 공포심을 주는 것이 아니라 더 많은 존중을 받는 나라로 만드는 기적도 일으켰다.

로마를 세계의 수도로 만들고 로마 통치하의 평화를 실현하고자 한 카이사르와 옥타비아누스의 꿈이 이루어졌다. 적어도 한 가지, 즉 '모든 길은 로마로 통한다'는 말은 의심할 바가 없는 명불허전의 사실이었다.

이것은 중국 성현들의 이상이기도 하지 않았나?

그러나 100년간 존속한 후한 제국은 세력이 기울었다. 외척과 환관이 번갈아가며 독재정치를 펼쳤고 권문세가와 여주인들이 이익과 권력을 다퉜으며 천수를 다하지 못한 황제가 즐비했다. 결국 한 제국은 동탁董卓이라는 군벌에 사실상 멸망했다. 조조의 힘으로 명목상 왕조는 20~30년간 유지하긴 했지만.[2]

물론 동탁도 비명횡사했다.

동탁은 부하 장수인 여포呂布에게 살해됐다. 역시 그해(기원후 192)에 5현제 이후의 로마 황제인 코모두스Lucius Aurelius Commodus Antoninus도 모살됐다. 범인은 그의 정부이자 호위병이며 레슬링 코치였는데 원인은 불분명하다.

보아하니 로마의 흥성과 후한의 국운이 끝에 달한 듯했다.[3]

코모두스가 모살된 뒤 근위대는 6개월 사이에 두 명의 황제를 옹립했는데 두 번째 황제는 경매에 낙점된 자였다. 두 황제도 근위대의 칼에 죽었고 결국 황위를 낚아챈 것은 셉티미우스 세베루스였다.

세베루스는 군인 출신이었으며 군단 사령과 속주의 총독으로서 로마로 돌아온 만큼 총자루의 중요성을 당연히 잘 알았다. 그는 임종 전에 아들에게 이렇게 당부했다. "병사들은 부자로 만들어주고 다른 사람들은 죽든지 살든지 상관하지 않아도 된다."

2 로마 제국의 황금시대는 기원후 96~192년으로 중국 후한의 화제和帝에서 헌제獻帝에 이르는 기간이다.

3 이후 100년간 로마 제국은 농업이 쇠퇴하고 시장이 불경기에 빠졌으며 정치가 혼란스러운 국면에 처하고 이민족이 침입하는 등 위기가 닥쳤다. 역사에서는 '3세기의 위기'라고 부른다.

안타깝게도 그의 아들은 즉위한 뒤 역시 근위대에 살해됐다. 그 뒤 두 명의 황제도 병사의 손에 죽었다. 기원후 238년 한 해 동안 원로원은 네 명의 황제를 내놓았지만 전부 병사에게 살해됐다. 이후 15년간 황제는 열 번 바뀌었다. 결국 군단과 속주들이 잇따라 자신들의 황제를 옹립하면서 뒤죽박죽이 되었다.

로마 제국이 위태위태했다.

제국에 강심제 주사를 놓은 사람이 없는 것은 아니었다. 아우렐리아누스가 주역이다. 용맹하고 전쟁에 능한 이 황제는 동서로 정벌에 나서 단 5년 만에 강산을 통일했다. 감격에 찬 원로원은 그에게 '세계 질서의 회복자'라는 칭호를 수여했다. 그러나 1년이 채 되지 않아 그 역시 불만을 품은 병사에게 살해됐다.

3세기의 로마는 그야말로 다사다난했다.

그러면 제국은 구제할 수 있었을까?

개혁이 필요하긴 했지만 구제의 여지가 있었던 듯하다.

개혁가는 디오클레티아누스였다. 그는 중국의 서진西晋이 동오東吳를 멸한 지 4년 뒤에 로마 황제가 되었다. 그의 통치 때부터 옥타비아누스가 창립한 원수의 칭호(프린스)가 정식으로 군주(도미난스Dominans)로 바뀌었다. 즉 옥타비아누스는 원수제를 실시했고 디오클레티아누스는 군주제를 실시했다. 이를 경계로 로마 제국도 전기와 후기로 나 뉜다.

디오클레티아누스는 이상한 황제였다. 그는 군주제를 확립하고 제국을 네 부분으로 나눠 네 명의 통치자가 다스리게 했다. 그중 둘은 총괄직으로 아우구스투스라고 불렀고 나머지 둘은 보좌직으로 카이사르라고 불렀다.

이 제도를 '4두 정치Tetrarchy'라고 한다.

4두 정치의 일차적인 목적은 국가의 안보였다. 네 명의 정·부 황제에게 분봉한 것도 영토가 아니라 집과 나라를 지키기 위한 책임 구역이 전부였다. 디오클레티아누스가 혼자 책임을 감당하는 것이 너무 버거웠다기보다는 제국이 한 사람의 역량으로는 버티기 힘들 만큼 약해져서 여러 명이 협력해 함께 곤경을 헤쳐나가야 하는 상황이었다고 해야 한다.

제도 개혁의 두 번째 목적은 정권을 공고히 하는 것이었다. 한 나라에 네 명의 황제가 네 개의 수도에 기거하면 같은 시간에 과거의 황제들처럼 근위대에 죽을 일이 생기겠는가? 한 명을 죽여도 셋이 남는다.

세 번째 목적은 권력의 평화로운 인계였다. 로마 제국의 언어 체계에서는 아우구스투스가 늘 황제를 대표했고 카이사르는 황태자라는 뜻이었다. 따라서 디오클레티아누스의 구상에 따르면 아우구스투스(정正 황제) 한 명이 사퇴하면 카이사르(부副 황제)가 자리를 메워 질서 정연하게 운영될 수 있었다.

무엇보다 모든 카이사르(부 황제)는 아우구스투스(정 황제)가 선별하고 지목했으며, 디오클레티아누스는 부 황제가 정 황제의 딸을 아내로 맞아야 한다는 규정까지 세웠다. 아들은 고를 수 없지만 사위와 부 황제는 선택할 수 있으니 네로나 코모두스가 부자 승계를 했던 것보다 훨씬 더 안심할 수 있었다.

안전했을까? 안전했다.

적어도 디오클레티아누스가 보기에는 그랬다.

그리하여 이 개혁 황제는 즉위한 지 20년 뒤에 황제의 자리에서 물러나겠다고 선언했고 다른 정 황제도 끌어들였다. 이런 일이 중국에서 일어났다면 유가들에게 '양위讓位'했다는 칭송을 받았을 것이다. 로마에서도 인품이 고상하고 절개가 굳은 축에 속했을 것이다.

그러나 아쉽게도 이때의 로마에는 도덕이라 할 만한 것이 사라진 지 오래였다. 이익 추구에만 눈이 먼 관료사회, 부패하고 타락한 정치, 통치 집단 내부의 권력 쟁탈과 아귀다툼이 만연하여 술라나 카이사르가 다시 살아난다고 해도 바로잡을 수 없는 상태였다. 이를테면 키케로는 총독을 지낼 때 많은 재물을 챙기고도 조금의 부끄러움도 없이 군자라 자처했다.

황제가 되면 총독이 되는 것보다 유혹이 더 많았다.

그래서 디오클레티아누스는 생전에 가장 원하지 않는 일을 목격했다. 황위를 쟁탈하기 위해 내전을 재개한 것이다. 결국 황제는 또 다른 사람이 되었다. 물론 모든 라이벌을 없앤 뒤에.

그 사람은 바로 콘스탄티누스 1세였다.

콘스탄티누스 1세는 로마 황제가 된 뒤 두 가지 일을 했다. 우선 「밀라노 칙령」을 발표해 로마에서 기독교의 합법적 지위를 인정했다. 또한 제국의 수도를 동쪽의 비잔티움으로 옮기고 콘스탄티노플로 이름을 바꿨다.

중국 황허 강의 물길이 바뀌었듯이 이 두 가지 일은 로마의 향후 방향성을 완전히 바꿨다. 콘스탄티누스가 천도를 실시하고 62년 뒤 (기원후 392) 기독교가 로마 제국의 국교가 되었다. 다시 3년 뒤에 로마 제국이 분열하여 로마를 수도로 하는 서로마 제국과 콘스탄티노플을 수도로 하는 동로마 제국으로 나뉘었다.

그 뒤 25년간 중국에선 동진東晉이 멸망하고 남조南朝시대가 시작됐다.

반세기 뒤에 서로마 제국이 망했다.

로마의 흥망성쇠는 산더미 같은 문제를 남겼다. 그들은 왜 공화제를 500년이나 유지했을까? 또 왜 돌이킬 수 없게 군주제로 향했을까? 제국이 된 뒤에 왜 사회적인 혼란이 끊이지 않았을까? 혼란이 지속되면서도 왜 붕괴되지 않았을까? 왜 결국 동서로 분열되었을까?

한나라에도 같은 질문을 할 수 있다. 왜 400년의 역사가 단칼에 두 동강이 났는가? 왜 죽었다가 다시 살아났는가? 되살아나서는 왜 결국 멸망했는가? 한나라가 멸망한 뒤 장장 369년이라는 세월 동안 왜 혼란과 분열이 지속됐는가?

모두 우리가 주목하는 문제들이다. 우리는 대답을 할 수 없을지도 모르고 표준이 될 만한 해답을 내놓지 못할 수도 있다. 하지만 한 가지는 확실하다. 제도와 문화에서 원인을 찾아야 한다는 점이다.

황제가 되기 전의 왕망은 겸손하고 공손했지만 그가 추진한 변법과 제도 개혁은
철저히 실패했다. 사람들은 지금까지도 그가 개혁가였는지 야심가였는지, 혁명가였는지
위선자였는지, 영리한 사람이었는지 멍청이였는지를 확실히 말하지 못한다.

왕망의 실패

옥타비아누스가 아우구스투스가 된 지 34년 뒤에 왕망이 황제가 되었다.[1]

황제가 되기 전의 왕망은 겸손하고 공손했다. 그의 집이 황실을 제외하고 가장 높은 지위를 누린 집안이었음에도 불구하고. 왕망의 고모인 왕정군王政君은 한나라 원제元帝의 황후였고 성제成帝의 생모였다. 성제 시기부터 왕씨 집안에서 총 아홉 명이 제후에 임명되었고 다섯 명이 대사마를 지냈으므로 권세가 대단했다.

그러나 왕망은 황제의 친척이라고 해서 거만을 떨며 세도를 부린다거나 부잣집 도련님이라고 해서 빈둥거린다든지 명문대가의 힘을 믿고 사람들을 괴롭히는 법이 없었다. 그는 서생이고 지식인이었으며 학문가였다. 그는 일생 중 많은 시간을 책을 읽으며 보냈고 학문에 있어서 훌륭함은 정적들도 부인하지 않았다.

---

1 왕망의 사적에 관해서는 『한서』 「왕망전王莽傳」 참고.

정신적으로 충실한 삶을 보냈던 것과는 반대로 물질생활은 지극히 검소하고 소박했다. 왕망은 왕가의 자제들 중에서 안빈낙도하는 군계일학이었고 그의 아내는 옷차림이 지나치게 평범한 나머지 방문한 손님이 하녀로 오인하기도 했다.

검소한 왕망은 노모와 과부인 형수에게 효성이 극진했고 친구와 손님에겐 후했다. 황제에게 상을 받으면 다 아랫사람들에게 나눠주었고 형님이 남기고 간 아이들을 학교에 보냈으며 예의를 갖춰 아이들의 선생님을 방문하면서 학생들에게 선물을 주는 것도 잊지 않았다. 자식이 없는 친구를 위해서는 참한 색싯감을 물색하기도 했다.

그러다보니 자연스럽게 일가친척들에겐 효심이 깊다는 칭찬을 받고 스승과 친구들에겐 인자하다는 평을 얻었다.

왕망이 널리 호평을 받은 일이 하나 더 있었다. 왕망의 둘째 아들 왕획王獲이 하인을 죽였는데 왕망은 감싸주기는커녕 억울하게 죽은 하인의 목숨에 대한 보상으로 자살하라고 명령했다. 왕조시대에는 쉽지 않은 일이었다.

왕망은 겸손한 군자이며 도덕적인 귀감이라 할 만했다.

물론 이렇게 좋은 평을 얻은 것은 왕망이 황제가 되기 전의 일들이다. 더 정확히 말하면 모두 그가 실패하기 전의 일들이다. 왕망과 그의 새 왕조가 배반자의 손에 부서진 이후, 앞에서 얘기한 선행들은 쇼, 즉 대중과 다른 사람들 앞에서 작정하고 허위로 이미지를 만든 것이라고 해석되었다.

왕관을 잃은 왕망은 밀짚모자를 쓸 수밖에 없었다. 위선자가 되는 것이었다.

왕망은 위선적이었는가?

그랬던 것 같다.

왕망의 황위는 아홉 살짜리 어린애에게서 빼앗은 것이었고, 사람들은 그 사실만으로도 참을 수 없었다. 그런데도 왕망은 어린 황제의 손을 끌고 통곡하며 말했다. "옛날에 주공은 섭정을 했지만 결국에는 성왕成王에게 정권을 돌려주었습니다. 저는 하늘의 뜻에 못 이겨 이 자리에 선 것인데 바라는 대로 되지 않으니 애통합니다!"

사람들 눈에는 위선적이기 그지없는 악어의 눈물로 보였다.

비난받을 만도 했고 그리 복잡한 일도 아니었다. 왕망의 이야기를 한번 정리해보면 뭔가가 나올 것이다.

왕망은 한나라 애제哀帝가 서거한 이후부터 제대로 집권하기 시작했다. 당시 왕정군의 오빠인 왕봉王鳳이 '대사마대장군영상서사大司馬大將軍領尙書事'의 명으로 정치를 돕기 시작한 때부터 계산하면 왕씨 집안은 이미 30년이나 권세를 축적한 상태였다. 그래서 왕망과 태황태후 왕정군은 아홉 살짜리 아이에게 황위를 계승하도록 했는데, 그가 바로 평제平帝다.

093 사람들이 바라던 대로 왕망도 다시 대사마를 맡았다. 그 전까지

왕망은 애제와 그 외척에게 배척을 당해 한동안 그 직위를 잃었었다.

1년 뒤에 왕망은 안한공安漢公으로 봉해졌다.

3년 뒤에는 '재형宰衡'이라는 호칭이 추가됐다.

5년째 되던 해에 14세가 된 평제가 돌연 미스터리하게 죽었고, 민간에서는 왕망이 독살한 것이라는 소문이 돌았다. 사실 신빙성이 없는 얘기다. 확실한 것은 그가 다시 두 살짜리 어린애를 황제로 세웠다는 점이며, 역사에서는 유자영孺子嬰이라고 한다.

왕망 자신은 '가짜 황제'가 되었고 '섭황제攝皇帝'라고도 한다.

이 사건의 직접적인 원인이 있었다. 무공武功 현의 한 우물에서 흰 돌멩이가 발견되었는데 위는 둥글고 아래는 네모져서 하늘은 둥글고 땅은 네모나다는 천원지방天圓地方을 상징했다고 한다. 또한 돌에 '안한공 왕망에게 고하니 황제가 되라'며 붉은 글씨로 써 있었다고 한다.

태황태후 왕정군은 믿지 않았다. 하지만 왕망의 패거리가 왕정군에게 왕망을 가짜 황제에 세우기 위해서라고 말했고, 왕망 자신도 그냥 주공의 역할만 하겠다고 굳게 맹세하자 마나님은 마음이 약해졌다.

그 뒤 기적과 길한 징조가 끊임없이 나타났다. 기원후 8년 11월 어느 황혼녘에 노란 옷을 입은 사람이 고황제 유방의 묘에 나타났다. 그 사람은 구리로 만들어진 함을 하나 두고 갔는데 그 안의 글과 그림은 왕망이 진짜 황제가 되어야 한다는 뜻을 분명히 전하고 있었다.

왕망은 하늘의 뜻에 순종하여 진짜 천자天子가 되기로 결심했다. **094**

지금 생각하면 어떻게 봐도 연극이고 옥타비아누스의 연출보다도 한참 뒤떨어진다. 그런데 문제는 왕망이 애초에 주공을 닮고 싶은 생각이 없었다는 것을 우리가 어떻게 알며, 그가 하늘의 뜻과 신비한 징조들을 진짜로 여기지 않았음을 누가 증명할 수 있느냐는 것이다.

무엇보다 민심도 왕망을 좋게 보는 듯했다. 왕망이 재형이 된 해에 관리와 백성이 글을 올려 그를 추앙한 것이 48만7000번이 넘었다고 한다. 당시로서는 천문학적인 수치였다. 그런데 왕망이 실패한 뒤에 이 사람들은 다 어디로 갔을까? 하룻밤 사이에 전부 딴사람이 된 듯했다.

권력 투쟁에선 성공하면 합법적이고 왕이나 황제가 되며 실패하면 불법이고 강도나 도적으로 불렸다. 도덕적인 평가와 여론에서도 그런 상황을 피할 수 없었다.

하지만 왕망은 주공의 역할만 하겠다는 맹세를 어겼고, 그로써 속였다는 혐의에서 영영 벗어날 수 없었다. 문제는 속이는 사람은 반드시 의도하는 바가 있는 법이고, 그렇지 않다면 속이는 짓 따위를 할 필요가 없다는 것이다. 그러면 왕망의 의도는 무엇이었을까?

정치적 이상을 실현하는 것이었다.

왕망은 황제가 된 이후 전면적으로 개혁을 추진했다. 분노에 차서 과거 수십 년 동안 이어진 불공평을 성토했고 대지주에게 법정 수량 이상의 토지를 농민에게 나눠주라고 명령했으며 토지와 노비의 거래를 금지했다. 물가를 안정시키고 저금리 대출을 제공했으며 관리의 봉급을 삭감하고 고관의 요건을 낮췄다. 또한 소금, 철, 주류 및 구리 주조를 국영화했다. 왕망 자신도 솔선수범하여 궁의 지출을 줄였다.

이것이 바로 왕망의 변법과 제도 개혁이다. 왕망을 "최초의 사회주의자"라고 부르는 사람이 있을 만큼 그의 동기가 선량했다는 점은 의심의 여지가 없다.

그런데 결과가 어땠는가?

참패였다.

실패는 필연적이었다. 애초에 현실성이 없었기 때문이다. 또한 왕망이 꽤 많은 기득권자에게 미움을 산 것은 둘째치고, 그가 품은 여러 이상이 사실 환상에 지나지 않았던 점도 차치하고 화폐개혁 하나만으로도 경제 혼란을 야기했다. 왕망은 오랫동안 통행해온 오수전五銖錢을 폐지하고 금, 은, 귀龜, 패貝, 천泉, 포布 등의 화폐로 바꿨으며 화폐 종류가 28종에 달했다. 이로써 농업과 상업이 둘 다 상처를 입고 경제가 침체에 빠졌으며 백성의 원성이 하늘을 찔렀다.

하늘도 그를 도와주지 않아 자연재해가 빈번히 발생했다. 궁지에 몰린 농민들이 봉기했고 한때 지체 높았던 집안들은 그대로 주저앉고 싶지 않은 마음에 그 틈을 노렸다. 두 세력이 힘을 합쳐 왕망을 단두대로 보냈다.

이큐와 아이큐가 다 높아 보이는 사람이 그렇게 저급한 실수를 범하고 그렇게 황당한 일을 저지르다니 실로 납득이 안 간다. 그래서 지금까지도 사람들은 왕망이 대체 개혁가였는지 야심가였는지, 혁명가였는지 위선자였는지, 영리한 사람이었는지 멍청이였는지를 확실히 말하지 못한다.

하지만 그가 탁상공론가였다는 것에는 의심의 여지가 없다.

왕망은 많은 면에서 서생 기질을 드러냈지만 가장 두드러지는 부분은 제도 변경에 대한 미련이었다. 그래서 반고는 왕망을 두고 제도만 확립하면 자연스레 천하가 태평해지는 줄 아는 사람이었다고 말했다. 그래서 예와 악을 만드는 데 몰두하고, 앉아서 탁상공론만 하며 결정은 하지 못했고 민생, 소송, 관리의 품행 등 급선무는 나 몰라라 했으니 실패하지 않고 배기겠는가?

사실 이마저도 왕망을 치켜세운 표현들이다. 사실상 왕망이 추진한 일부 개혁은 제도를 개혁했다기보다는 이름만 바꾼 것에 불과했다. 이를테면 재정부장관 두 명의 직함을 신화 속 인물의 이름으로 바꿔 조정의 재정을 담당하는 대사농은 희화羲和(해를 싣고 하늘을 달리는 마차를 부리는 신─옮긴이)라 부르고 궁의 재정을 담당하는 소부少府를 공공共工(홍수를 관장하는 신─옮긴이)이라고 불렀다.

그야말로 정치를 애들 장난으로 여긴 처사였다.

왕망은 공자를 제대로 읽지 않았고 뭘 두고 명분이라고 하는지도 몰랐던 것 같다. 서생 기질로 똘똘 뭉친 왕망은 이름만 바꾸면 모든 일이 근본적으로 변하고 그의 이상도 실현될 수 있다고 생각했다.

왕망이 틀렸음이 사실로 증명됐다.

실제로 제도가 중요하긴 하지만 그보다 더 중요하고 결정적인 것은 사람과 제도의 관계다. 이 관계는 세 가지 측면으로 구성된다. 제도가 국정과 민심에 부합하는지 여부, 제도가 문화와 전통에 부합하는지 여부, 제도를 만들고 집행하는 사람이 제도와 잘 어우러지는지 여부다. 부합하면 성공하고 부합하지 않으면 실패한다.

옥타비아누스를 보면 이 점을 알 수 있다.

옥타비아누스의 성공

옥타비아누스는 거의 선천적으로 제도와 한 몸이었다.

사실상 옥타비아누스가 한 일은 왕망보다 훨씬 더 심각했다. 왕망은 그저 개인을 바꿔 황제가 되게 한 것뿐이지만 옥타비아누스는 정치체제를 송두리째 바꿨다. 이런 의미에서 보면 왕망은 왕위를 찬탈한 자에 불과하지만 옥타비아누스는 혁명가였다.

그러나 옥타비아누스의 결말은 왕망보다 훨씬 나았다. 옥타비아누스는 성공적으로 공화제를 군주제로 바꿨을 뿐만 아니라 새로운 정치체제는 무려 500년이나 지속됐다.

이유가 뭘까?

근본적인 원인은 시대의 흐름에 있었고 직접적인 원인은 방식에 있었다.

왕망도 사실 혁명을 하고 싶었지만, 그가 하려던 일은 주나라 제도를 부활시키는 것이었다는 사실을 우리는 잘 안다. 하지만 진시황과 한 무제 이후에 주나라 제도를 부활시킬 가능성은 이미 끊겼다는 사실을 왕망은 몰랐다. 그래서 『주례周禮』를 들고 개혁을 추진한 것이 그 자신에게는 하늘을 대신해 정의를 행하는 일이었지만 역사의 눈으로 보면 시대의 흐름에 역행하는 행동이었다.

로마는 상황이 정반대였다. 공화제도가 국정에 맞지 않은 지가 이미 오래였다. 그 제도 때문에 민회가 최고 권력기구가 됐는데, 로마의 민회는 이론적으로는 시민 전체가 참여해야 했기 때문이다.

그런데 카이사르 시대에 이르러 공화국은 이미 18곳의 속주를 소유했다. 기원전 28년, 그러니까 옥타비아누스가 아우구스투스가 되기 1년 전에 로마 시민권을 가진 성인 남자는 이미 400만 명을 넘어섰다. 그렇게 큰 지역에 그렇게 많은 사람이 있는데 어떻게 민회를 소집하겠는가?

유일한 방법은 대의제도를 시행하는 것이었다. 즉 시민이 대표를 선출하고 대표가 대표대회를 구성하여 시민을 대표해 권력을 행사하는 것이다. 안타깝지만 이 제도는 오랜 뒤에야 발명되었고 당시에는 그런 영감이 떠오르지 않았다. 대의제는 1900년 이후 영국에서 처음 생겼다.

이 문제는 훗날 옥타비아누스의 개혁 덕분에 가까스로 해결됐다. 타지역에서 부재자 투표를 하는 방법이었다. 속주에 사는 로마 시민이 정말로 이 권리를 누렸는지는 조사해 고증할 길이 없어서 아쉽다. 그렇지만 18곳의 속주에서 모두 부재자 투표를 실시했다면 당시의 통신 시스템이나 교통 여건으로는 효율이 낮았을 것이라 짐작할 수 있다.

이 점만 봐도 제도를 개혁해야 했다.

게다가 전쟁도 있었다.

로마 입장에서 전쟁은 굉장히 중요했다. 전쟁만이 로마를 패권 국가와 세계의 수도로 만들어줄 수 있었고 로마 시민에게 부와 영예를 안겨줄 수 있었으며, 로마사회가 넘치는 열정과 왕성한 생명력을 유지하면서 하나로 단결할 수 있었기 때문이다. 시민과 원로원 모두 이 점을 분명히 알았다.

그런데 전쟁을 하려면 독재관이 있어야 했다. 또 전쟁 기간이 점점 길어진다면(이것은 거의 필연적이었다) 독재관의 임기도 6개월일 수 없었다. 이것이 술라가 무임기 독재관이라는 선례를 연 이유다.

독재관의 임기가 없어지니 집정관의 권력을 제한하는 것(임기와 인원 수를 포함해서)도 의미가 없어졌다. 최고위층(집정관)과 하위층(일반 백성)이 모두 변하니 원로원만 남아서 죽어라 버티는 것도 의미가 없었다.

군주제가 부르면 뛰쳐나올 듯한 상황이었다.

그럼에도 옥타비아누스는 여전히 조심스러웠다.

101 옥타비아누스는 확실히 왕망보다 훨씬 더 총명했다. 그는 건드리면

안 되는 것이 있다는 사실을 잘 알았다. 로마 시민이 500년 동안이나 국가의 주인으로 살았기 때문에 그들의 마지노선을 깨면 죽어서 묻힐 것도 없게 될 사람은 바로 자신이었다.

그러면 털끝만큼도 건드려서는 안 되는 것은 무엇이었나?

주권은 시민에게 있다는 점과 공화제였다.

이것은 로마가 건국할 때부터 존재했고 제국이 멸망할 때까지 관철시켰던 관념이다. 다시 말해 로마인들은 시종일관 국가의 주권은 시민에게 속하고 원로원과 로마 시민이야말로 최고 통치자라고 생각했다. 그래야만 그들의 국가를 SPQR(원로원과 로마 시민)이라고 부를 수 있었다.

시민에게 주권이 있다는 것은 로마인의 생명선이었다.

한편 공화제는 그들의 자랑이었다. 로마인은 처음부터 민주주의를 좋아하지 않았고 그리스를 무시했다. 그들이 보기에 그리스는 민주주의 제도 때문에 쇠퇴하여 망했고 아테네는 기껏해야 반면교사의 대상이었다.

반대로 로마의 공화제는 비할 데 없이 우월했다. 집정관, 원로원, 민회는 각각 군주제, 귀족제, 민주제에 대응했다. 세 제도가 결합하면 우위를 집중할 수 있고 폐단을 제거할 수 있으니, 하늘 아래에 이보다 더 좋은 것이 또 있을까?

없었던 것 같다.

따라서 옥타비아누스는 이러한 로마 시민의 정서를 최대한 존중해야 했고 자신은 위임을 받은 공무원에 불과하며 그의 모든 권력은 원로원과 로마 시민이 준 것이라는 점을 분명하게 밝혀야 했다. 이제 임무는 완수했으니 모두에게 권력을 회수해가라고 했고 자신은 아무것도 원하지 않았다.

어쩌면 호칭만 원했을 것이다. 아우구스투스.

아우구스투스는 국왕이 아니고 황제는 더더욱 아니며 호칭, 심지어 별명에 불과했다. 영명한, 존경받을 만한이란 뜻으로 사랑스러운, 운이 좋은, 위대한, 백전백승 등과 별반 차이가 없었다.

물론 그는 황관도 없었다. 디오클레티아누스 전까지 로마의 모든 황제는 황관도 없고 대관식도 없었다. 옥타비아누스는 머리에 시민들이 쓰는 모자만 썼는데 전쟁에서 공을 세운 장수라면 누구나 쓸 수 있는 것이었다.

원로원과 로마 시민들은 안심했다.

옥타비아누스의 행동을 책벌레 왕망은 분명히 이해하지 못했을 것이다. 황제가 되려고 준비하는 사람이 어떻게 실속 없는 명성만 바라고 실권을 바라지 않을 수 있을까?

사실은 전부 페인트 샷feint shot이었다. 옥타비아누스가 원로원과 로마 시민에게 돌려준 것은 실권처럼 보였지만 실은 허울뿐인 명성이었다. 민회는 유명무실해진 지 오래였고 원로원은 감원을 실시한 뒤에 또 회의 기간을 줄였다. 진정한 의사결정 기구와 권력 기구는 라틴어 약어로 CP라고 하는 기구였다.

이 기구의 이름은 적당히 번역할 말이 없는데 성격이 분명하다. 첫째, 권력이 원로원에 맞먹는다. 둘째, 휴회 기간이 없다. 셋째, 원수를 중심으로 세워졌다. 따라서 CP가 원로원의 상임위원회에 해당된다고 보는 사람도 있고 원수의 고문단이라고 여기는 사람도 있으며 중국 명나라의 내각이나 청나라의 군기처軍機處에 해당된다고 보는 사람도 있다.

옥타비아누스의 CP는 21명으로 구성했는데 그중 6명은 옥타비아누스의 측근이었고 15명은 원로원 출신이었다. 이에 원로원은 마음을 푹 놓았다. 자기 쪽 사람이 절대다수를 차지했기 때문이다. 안타깝게도 이 15명의 원로원 위원은 제비뽑기로 뽑힌 사람들이었으므로 한마음 한뜻으로 똘똘 뭉친 나머지 여섯을 당할 수 없다는 사실을 원로원은 생각지 못했다.

게다가 옥타비아누스는 집정관이었으므로 부결권도 지니고 있었다.

원로원은 실권을 잃고도 옥타비아누스에게 박수를 보냈다.

옥타비아누스는 이에 만족하지 않고 속주도 개혁하려고 했다. 옥타비아누스의 방안에 따라 속주는 네 유형으로 분리되었다. 이탈리아는 로마 본토, 이집트는 원수의 개인 소속이었고 나머지 가운데 원로원이 총독을 임명하는 곳은 원로원 주, 원수가 총독을 임명하면 아 **104**

우구스투스 주라고 불렀다. 원로원 주들은 다 경제가 발달한 지역이었고 아우구스투스 주들은 모두 낙후된 지역이었다.

원로원은 매우 흡족해했다. 하지만 그들은 또 낡였다.

맞다. 옥타비아누스가 가진 것은 모두 자연 조건이 열악한 척박한 땅인 동시에 변방의 전초 지역이기도 했다. 사실 그 속주들이 가난한 것은 전방에 있기 때문이었다. 전방이므로 병력을 이동시키고 장수를 파견해야 한다. 그러면 누가 파견하는가? 당연히 옥타비아누스다. 그의 책임 구역이기 때문이다. 원로원 주들은 전쟁을 하지 않는 곳이었다. 그런 까닭에 원로원은 병권도 필요 없으므로 전국의 병권은 옥타비아누스 한 사람에게 집중될 수밖에 없었다.

이제 옥타비아누스가 원로원에 돌려준 권력이 원로원으로부터 되돌아왔다. 또한 원로원이 권한을 위임했으므로 완벽히 합법적이었다.

옥타비아누스의 개혁은 성공했다.

성공한 것이 전혀 이상하지 않았다. 옥타비아누스는 정면으로는 적을 미혹하고 측면에서 허를 찌르는 전략을 통해 우회적으로 나라를 구했기 때문이다. 그의 모든 행위는 합법적이었지만 각각의 행보로 법과 제도가 바뀌었고, 그것들이 합쳐져서 질적인 변화가 일어났다.

옥타비아누스는 시대적인 흐름 덕분에 필연적으로 성공했고 방식 덕분에 순조롭게 성공했다.

시세를 잘 살피고 흐름에 맞춰 행동하는 사람을 고수라고 한다.

다만 이렇게 고단수의 정치 스킬과 탁월한 정치 재능은 옥타비아누스의 천부적 재능도 아니었고 그만의 전유물도 아니었다. 어떤 의미에서 보면 로마 시민의 것이었다고 하는 게 맞다. 실제로 옥타비아누스가 태어나기 400여 년 전에 로마인들은 이미 합법적으로 싸우는 법을 배웠고, 이로써 독보적인 제도와 문명을 만들었다. 참 감탄스럽다.

그럼 이제 로마로 건너가보자.

공화제의 정신

기원전 494년의 어느 날, 군대를 집결해 외적과의 전쟁에 응할 준비를 하던 집정관은 병력이 한참 모자란다는 사실을 문득 깨달았다. 평민으로 구성된 군대 전체가 로마 도시에서 철수하여 전쟁에 참여하길 거부했다.

의아하지만 그만한 이유가 있었다.

원인은 사회의 불공평이었다. 당시의 로마사회는 귀족과 평민 양대 계급으로 구성되었는데 두 계급 간 등급이 엄격하고 굉장히 불평등했다. 귀족이 도시의 정권을 독차지해서 평민은 원로원 의원이 되거나 귀족과 통혼할 수 없었고, 원로원이 선출하는 집정관은 더더욱 인연이 없었다.

업신여김이 심했다. 평민도 시민이고 시민은 의무와 권리를 동시에 갖는다는 사실을 알아야 한다. 의무는 집과 나라를 지키는 것이고 권리는 정치에 참여하며 정무를 논하는 것이다. 의무와 권리는 대등한 것이지, 의무만 다하고 권리를 주지 않는 법이 어디에 있는가?

권리를 갖든지 아니면 의무를 다하지 않아야 한다.

그러나 귀족으로 구성된 원로원은 이 합리적인 요구를 거절했다. 교섭이 성과 없이 끝난 뒤 평민들은 신경을 끄기로 했다.

로마를 떠난 평민들은 산언덕에 가서 그곳에 별도로 도시국가를 세워 자체적인 민회를 열고 자체적인 집정관을 선출하겠다고 선언했다. 그렇다. 국민으로서 동등한 대우를 누리지 못할 거라면 각자의 길을 가는 것이 바람직했다.

놀란 귀족들은 어안이 벙벙했다. 귀족들은 도시를 다스릴 능력은 있어도 평민들 없이 독자적으로 도시를 지킬 능력은 없었기에 타협이 불가피했다.

타협을 통해 평민들은 자신들의 대변인을 선출할 권리가 생겼다.

그 대변인을 호민관이라고 한다.

호민관을 세운 것은 신의 한 수였다. 호민관이 지녔던 특권을 보면 로마인들의 치밀한 사고방식에 혀가 내둘린다. 보복 공격을 방지하기 위해 호민관은 집정관도 갖지 못한 인신불가침 권리를 가졌다. 한편 평민의 권익이 침범당하지 않도록 하고자 호민관은 정부의 결의에 대한 부결권도 가졌다.

다시 말해 호민관이 '나는 반대요'라고 한마디만 하면 원로원과 집정관은 속수무책이었다. 카이사르와 옥타비아누스가 종신호민관 자리에 있을 때 이 두 가지 특권만 원했던 것도 무리가 아니다.

그 뒤 평민은 또 집정관, 독재관, 감찰관, 대법관에 선임될 수 있는 등의 승리를 거뒀다. 자리에서 물러나면 원로원에 들어갈 수도 있었다. 계급 간 장벽이 허물어지고 로마 도시는 전 시민의 국가가 되었다.

평민이 대법관에 오른 것은 기원전 337년이었다. 60여 년 뒤에 로마는 이탈리아를 정복했다. 다시 3~4년이 지난 뒤 로마는 카르타고를 물리치고 최초의 해외 속주인 시칠리아를 세웠다. 손바닥만 한 작은 나라 로마가 결국 위기를 지나 무럭무럭 자랄 수 있었던 것은 타협하는 법을 배우고 조화를 구축했기 때문이다.

그래서 로마는 아테네, 스파르타와 마찬가지로 도시국가였고 출발은 더 늦었지만, 또한 두 도시국가는 한 시대를 군림했지만 두각을 드러내 도시국가에서 대공화국으로 변모하고 마침내 대제국이 된 것은 로마가 유일했다.[2]

로마인들이 자부심을 갖기에 충분한 일이었다.

더 중요한 것은 로마인들이 이때부터 한 가지 정신을 갖게 되었다는 점이다. 이 정신 덕분에 로마 문명이 전 인류의 공동 재산이 되었다.

그 정신을 '공화共和'라고 부른다.

공화라는 것은 다양한 민족, 계급, 이해집단이 조화롭게 공존하면서 함께 발전을 도모하는 것이다. 물론 어렵다. 이것을 이루지 못해

---

2 기원전 367년에는 평민이 집정관이 될 수 있었고, 기원전 356년에는 독재관이 될 수 있었다. 기원전 351년에는 감찰관이 될 수 있었고 기원전 337년에는 대법관이 될 수 있었다. 기원전 296년에 로마는 이탈리아 중부를 정복했고 기원전 275년에는 이탈리아 남부를 정복했다. 기원전 241년에는 카르타고를 무너뜨렸고 시칠리아에 로마 속주를 세웠다. 기원전 130년에 로마 공화국은 이미 해외 속주가 9곳이나 되었고 카이사르 시대에 이르러서는 18곳이었다.

붕괴한 문명이 여럿이다. 최초로 이것을 실현한 곳은 중국이고 그다음이 로마다. 바로 그래서 중국과 로마는 기원전 100년, 기원전 200년에 벌써 세계적인 문명이 되었다.

양대 문명은 개방과 포용이라는 공통점이 있고 강력한 흡수력과 동화력을 지녔다는 점도 같다. 그래서 당시 세계 최대의 두 문명권을 형성했다. 다만 다양성을 수용하는 정신과 개방성을 존중하는 능력이 중국에서는 지향점인 반면 로마에서는 지혜였다.

확실히 역사 속의 로마인들은 가장 적당한 방식과 가장 낮은 비용으로 최대의 적법한 권익을 확보하는 능력을 타고난 것 같다. 이런 싸움에서 로마인은 절대로 일을 수습 불가능한 지경으로 만들지 않았고, 그러면서 조금의 실수도 없이 흥정했다.

평민의 철수운동에서 이 점이 여실히 드러났다.

사실 항쟁에 나선 평민은 처음부터 일을 악화시킬 생각이 없었기 때문에 봉기를 일으키거나 적진에 뛰어드는 대신 전쟁터에서 물러났다. 물론 귀족들이 양쪽 모두 받아들일 수 있게 양보한 뒤에 철수했던 평민들도 즉시 로마로 돌아왔고, 곧이어 전쟁에 참가할 군대를 조직했다.

그야말로 조리와 절도가 있으며 유익한 방법이었다.

귀족들의 행동도 찬탄을 받을 만큼 훌륭했다. 귀족들은 현명하게 일부 특권을 포기하고 그것을 평민에게 협력하는 데 동의하겠다는 **110**

교환 조건으로 삼았다. 물론 포기는 점진적이었고 철수운동도 여러 번 있었지만 마무리는 바람직했다.

사실 갈수록 귀족과 평민의 경계도 모호해졌다. 군자가 남긴 풍습은 5대가 지나면 사라지고 소인이 남긴 풍습도 5대가 지나면 없어지는 법이다. 일부 귀족은 빈민으로 전락했고 일부 평민은 새로운 귀족이 되었다. 더 중요한 것은 로마인은 공동체 의식이 강했다는 점이다. 합심해서 외부의 적에 대처할 필요가 있을 때는 마음을 모아 난관을 극복했다. 그것은 수월했다. 로마인들은 항상 적이 많았기 때문이다.

평민과 귀족은 마침내 협력해서 전체 시민의 민족적 자긍심과 애국주의 정신을 함께 제창하고 길렀다. 또한 로마의 국제적인 위상이 높아지면서 애국심과 자긍심은 더 강해졌다.

이것은 로마인이 공화제를 500년씩이나 고수할 수 있었던 이유 중 하나다.

사실 로마의 정신이 가장 멋지게 드러난 부분은 바로 제도의 설계와 권력 구조였다. 로마라는 국가를 구성하는 시민, 원로원, 집정자(집정관, 독재관 또는 아우구스투스)의 호칭은 삼위일체를 이루었지만 셋의 정치적 이익과 내면의 요구는 달랐다. 시민은 민주를 원하고 원로원은 존귀를 원했으며 집정자는 다다익선의 권력을 원했다.

그러려면 흥정이 필수였는데 다행히 이들은 단시간에 관계를 정리했다. 시민은 권한을 위임하되 의사결정은 하지 않고 원로원은 의사

결정을 하되 행정에 관여하지 않으며 집정자는 행정을 담당하되 통치권만 가졌다. 주권은 원로원과 시민의 것이었고, 이들이야말로 국가의 주인이었다.

그런 까닭에 군주제의 시대였음에도 원로원과 로마 시민의 권위는 최소한 표면적이라도 유지해야 했다. 새로운 황제가 등극하면 우선 원로원에 취임 연설을 한 다음, 시민들에게 연설을 한번 하고 신전에 가서 여러 신에게 기도드려야 했다. 이 세 절차를 마쳐야 합법적인 황제가 되었다.

로마는 이미 현대 문명국가에 상당히 근접해 있었다.

국제관계도 훌륭했다.

세상의 모든 제국과 마찬가지로 로마 역시 무력으로 세계를 정복했고, 그래서 패전국들과의 관계가 문제였다. 그 관계를 어떻게 처리하느냐 하는 것은 정복자의 수준, 도량과 정치적 지혜를 시험하는 관문이었다.

아시리아와 칼데아(신바빌로니아)에 대해서는 넘어가겠다. 이들은 광기 어린 약탈, 유혈 진압과 잔혹한 폭력 통치로 더 강한 반발만 일으켰다. 페르시아 제국은 최대의 자비심과 관용을 보여주었지만 속주로 만든 패전국들을 현금인출기로만 삼고 그 주민들을 자기편으로 만드는 것은 잊었다.

제일 잘한 곳은 로마와 중국의 주나라다.

주나라 사람과 로마인은 동맹국이나 패전국과 공동체를 조성해 함께 발전을 모색하고 평안함을 누리는 훌륭함을 보여주었다. 다만 주나라 사람들이 구축한 것은 '문화 공동체'였다. 주나라 문명을 인정해야 오랑캐에서 중화 민족이 될 수 있었다. 이런 문화 정체성 덕분에 중화 민족은 끊임없이 강성하게 발전해왔다.

로마가 구축한 것은 '정치 공동체'였다. 심지어 적극적으로 패전국의 우두머리들을 원로원에 초청하기도 했다. 한 무제가 흉노 출신인 김일제金日磾에게 고명대신顧命大臣을 맡긴 것과 비슷하다. 그 결과 정복을 당한 야만족들은 국가의 공동 경영자가 되었고 전쟁터의 주력군도 되었다.

물론 싸움에서 이기면 다들 이득을 챙기기 마련이다. 초반에는 로마인이 전리품의 절반을 가져가고 나머지는 수고한 만큼 분배하는 식이었다. 즉 로마인은 대주주였고 귀순한 패전국은 조합원이었다.

베네치아의 상인보다 훨씬 더 영리했다.

그러나 정치는 지력을 겨루는 게임인 반면 문명은 최대한 완력을 사용하지 않고 교묘한 방법을 써서 취해야 한다. 적마저 친구로 돌릴 수 있다면, 그 공덕은 실로 위대하다고 할 수 있다. 아무래도 평화가 전쟁보다 편하기 때문이다. 운이 좋게도 중국인과 로마인에겐 그런 지혜가 있었고, 양대 문명이 한 시대에 독보적으로 두각을 나타낸 것은 결코 우연이 아니다.

그래서 중국의 방식을 충분히 이해하면(이중톈 중국사 3권 『창시자』 참고)
로마인은 어떻게 했는지가 궁금해진다.

법치 천하

세계사에서 중국과 로마는 독보적으로 새로운 국면을 연 국가라고 할 수 있다. 아시리아, 칼데아, 페르시아, 마케도니아 등 다른 제국은 하나 또는 몇몇의 위대한 정복자가 건립했지만 중국은 방국에서 제국이 되었고 로마는 공화국에서 제국이 되었다. 즉 둘 다 스스로 성장했다.

성장하려면 토양이 필요하고 역량도 필요하다. 중화 문명과 로마 문명의 토양 및 역량은 무엇이었을까?

중화는 예禮였고 로마는 법이었다.

중국에서 예의에 어긋나거나 무례하면 심각한 후폭풍을 초래했듯이 로마인들은 법을 어기는 것을 용서할 수 없는 행위로 여겼다. 차라리 손해를 보거나 실패를 하거나 머리가 잘리는 한이 있더라도 법을 위반하지는 않았다. 카이사르가 살해된 뒤 키케로는 조속히 원로원 회의를 열어 성과를 굳히자고 제안했다. 또한 암살 그룹의 주요 구성원인 브루투스가 대법관이어서 마침 그만한 권력이 있었다.

여기서 말하는 브루투스는 공화국의 초대 집정관인 브루투스의 후손이다.

그런데 법 규정에 따르면 대법관은 두 집정관이 모두 회의를 소집할 수 없는 경우에만 그 권력을 행사할 수 있었다. 당시 집정관 중 한 명인 카이사르는 이미 죽었고 나머지 집정관인 안토니우스는 아직 로마에 있는 상태였다. 그래서 브루투스는 주저하고 또 주저하다가 결국에는 키케로의 제안을 거절했다.

브루투스가 말했다. "그것은 위법입니다."

참으로 이상하게 들린다. 브루투스는 원래 카이사르를 암살한 살인범이기 때문이다. 게다가 카이사르는 종신호민관으로서 인신불가침권을 가지고 있었다. 다시 말해 브루투스는 이미 이중적인 의미에서 법을 어긴 상태인데, 또 한 번 어기는 게 뭐 그리 안 될 일인가? 그것도 국가를 위해서인데.

그러나 브루투스는 딱 잘라 거절했고, 앞서서 좋은 기회를 잃었다.

이런 일이 중국에서 일어났다면 고지식하다고 풀이됐겠지만 로마에서는 존중받을 일이었다. 카이사르를 죽인 것은 전쟁을 위해서, 즉 공화국과 공화를 파괴하려는 적들과의 전쟁을 위해서였다고 이해할 수 있었다. 전쟁을 하려면 당연히 사람을 죽여야 하고 법도 공공의 적은 보호하지 않는 법이니, 브루투스는 본인의 행동이 도리에 맞았으므로 마음이 편했다.

회의는 달랐다. 원로원 회의를 소집하는 이유는 원로원의 결정이야말로 적법하기 때문이었다. 회의 자체가 위법이라면 그 결정이 적법할 수 있을까? 불법 회의를 통해 재건된 공화국이 로마인들이 원하던 것인가? 다시 카이사르의 인치人治, 즉 군주에 의한 통치 노선으로 회귀하는 것 아닌가?

안타깝게도 브루투스는 카이사르를 국가의 적으로 보는 것이 그들만의 견해이며 원로원은 카이사르를 시민의 공적으로 선언하지 않을 것임을 몰랐다. 그래서 그들의 암살은 여전히 불법이었고 유죄 판결을 받아야 했다.

브루투스도 자살을 택할 수밖에 없었다.

이렇게 강력한 법치 관념은 전 세계에서 첫손가락에 꼽힌다.

물론 그럴 만한 이유가 있고, 그 내력은 서아시아 문명까지 거슬러 올라갈 수 있다. 하지만 기원전 494년에 있었던 평민 철수운동도 큰 기여를 했다. 바로 그 운동이 있은 뒤에 로마는 평민들의 압력에 못 이겨 성문법을 제정하기 시작했기 때문이다. 최초의 법전은 동판에 새겨서 「12표법Twelve Tables」이라고 불렀다.[3]

법으로 나라를 다스리는 체제가 정식으로 시작됐다.

처음 제정한 것은 본국의 시민들을 위해 반포한 시민법, 즉 국내법이었다. 이후에 영토를 확장하면서 인구가 많아졌고 외부 민족과 다

---

3 로마인들이 법치 관념을 갖게 된 근원은 서아시아로 거슬러 올라갈 수 있다. 출토한 점토판 하나에 수메르어로 대략 기원전 1890년의 법 판결이 기록되어 있었다. 그 뒤에 나온 것이 우르 3왕조의 「우르-남무의 법전Code of Ur-Nammu」과 고대 바빌론의 「함무라비 법전」이다.

른 나라도 로마의 통치 아래 놓이면서 세계 각 민족 공동의 법률인 만민법, 즉 국제법도 제정했다. 결국 이 두 법률 체계가 합쳐지면서 통일법이라 불렸고 그 성과가 바로 『로마법 대전』이다.

당시에는 이미 동로마 제국에 접어든 때였다.

고대사회에서는 로마법의 시스템이 가장 완벽했다고 할 수 있다. 로마법은 공법公法과 사법私法 두 분야를 포괄했다. 공법은 정부에 관한 내용이고 사법은 개인에 관한 것이었다. 사법과 공법을 비교하자면 사법이 더 중요했다.

사법은 인법人法, 물법物法, 소송법의 세 부분으로 나뉘었다. 셋 중에서는 인법이 가장 중요했다. 인법에서는 법적인 의미에서 사람이 무엇인지를 규정했고 인격으로 권리를 누리며 의무를 부담해야 한다는 조건을 부여했다. 이 세 조건을 충족시키면 사람이었고 그렇지 않으면 사람이 아니었다.

노예는 이 세 조건에 맞지 않으므로 인권이 없었다.

로마법에서 인권이란 신분권으로 자유권, 가족권, 시민권이 여기에 해당됐다. 자유권이 있으면 사람이고 가족권이 있으면 남자였으며 시민권이 있으면 로마인이었다.(이중톈 중국사 2권 『국가』 참고)

로마에서 이 세 가지 신분권은 분리 가능했으므로 일부나 전부를 상실할 수 있었으며 이를 '권리 상실capitis diminutio'이라 불렸고 이후로는 로마인이 아니었다. 자유권을 상실하면 '권리 대상실capitis diminutio **118** maxima'이라 했고 이후로는 모든 인격을 박탈당해 더 이상 사람이 아니었다.

이것이 로마법에서 정한 인권이었다.

인권은 법으로 정해졌으므로 하늘에서 주어진 것이 아니었고, 따라서 법에 의거해 부여하거나 박탈할 수 있었다. 시민권을 부여받으면 로마 시민으로서의 권리와 의무가 생겼고 자유권을 박탈당하면 자유인에서 노예로 전락했다.

아무도 인권을 잃고 싶어하지 않았으므로 알면서 법을 어길 엄두는 내지 못했다.

집정관과 황제도 마찬가지였다. 이들은 원로원을 두려워했다. 원로원은 행정권이 없고 집정자에게 건의나 조언만 할 수 있었지만 '원로원 최종 권고'라는 조커 카드를 가지고 있었다. 이 통첩을 받고도 회개하지 않는 사람에 대해 원로원은 시민의 공적으로 선언할 수 있었다.

그 결과는 어땠을까? 전 시민의 규탄을 받고 전국의 비난을 받았다.

권력을 상호 견제할 수 있는 이 권력을 원로원이 쉽게 포기할 리 없는 게 당연했다. 한편 원로원의 이 기능이 존속되어야만 로마가 공화제에서 군주제로 가지 못했다. 훗날 옥타비아누스의 혁명이 성공한 것은 술라와 카이사르가 원로원을 개조하면서 원로원의 체면을 충분히 살려주었기 때문이다.

119   물론 앞서 말했듯이 근본적인 원인은 시대 흐름 때문이었다.

하지만 공화국에서 제국으로 바뀌었다고 해도 로마는 여전히 법치국가였다. 기원후 100년 9월, 집정관 플리니우스는 원로원에서 취임 연설을 발표하면서 회의장에 앉아 있던 황제 트라야누스에게 "황제가 법 위에 있어서는 안 되며, 반대로 법 아래에 있어야 한다"고 말했다.

왕이 법 아래 있다는 사실을 로마인들은 일찌감치 알고 있었다.

패전국과 그 신민들도 당연히 마찬가지였다.

앞서 말했듯이 중국 주나라와 로마는 국제관계를 처리할 때 정치적 지혜를 유감없이 발휘하여 동맹국이나 패전국과 공동체를 결성해 대립 국면에 있는 사람들을 자기편으로 만들었다. 그렇다고 해서 차별 없이 동등하게 대한다는 의미는 아니었다. 패전국과 동맹국들은 관계상 친밀함에 차이가 있었고 권익에도 많고 적음이 있었다.

다시 말해 공동체 내에 등급이 있었다.

주나라 사람들은 등급을 오복五服이라고 했는데, 즉 순복甸服, 후복侯服, 수복綏服, 요복要服, 황복荒服이었다. 이 가운데 왕성王城에서 가장 가까운 것이 순복, 가장 먼 것이 황복이었다. 사실상 제후국이 황복이 되려면 '오랜 세월이 흘러야' 했다. 제후국들은 대개 오랑캐 취급을 받았고 주나라 왕실에 져야 할 의무도 가장 적었다.

로마에도 로마, 가맹국, 자치국, 식민지, 동맹국의 5등급이 있었다. 주나라의 오복과 마찬가지로 권리와 의무가 동시에 작아지는 서열이었다. 로마인이 가장 많은 권리를 지녔고 져야 할 의무도 가장 컸으며, 동맹국은 정반대였다.

물론 이것은 로마가 연맹 시대에 있을 때의 일이다. 훗날 패전국도 페르시아처럼 속주가 되었지만 기존 관리 방침을 따라 관계의 친근함 정도와 실적에 준해 상이한 권익을 주었다.

로마가 손에 쥔 패는 시민권이었다.

시민권은 기본 인권이 아니므로 부여할 수 있었다. 로마에서 시민권을 받으면 개인의 사유재산과 인신의 안전이 법의 보호를 받는다는 뜻이었다. 시민권을 침해당하면 로마 정부가 좌시하거나 방관하지 않았다.

당연히 사람들은 시민권을 동경했다. 로마라는 커다란 나무에 기대고 싶지 않은 사람이 누가 있었을까?

로마의 방침은 분할 통치였다. 누구에게는 로마 시민권을 주고 누구에게는 라틴 시민권을 주었으며(선거권과 피선거권이 없음) 일부에게는 아예 시민권이 없었다. 하지만 이들도 충분한 자유를 누렸고 자신의 종교와 풍습을 보존할 수 있었으며 라틴어를 배울 필요도 없었다.

화목하게 지내면서도 다름을 인정하는 진정한 화이부동和而不同이었다.

역시나 다른 제국들은 다 멸망했지만 로마는 오랫동안 견고하게 지속됐다.

121 　안타깝게도 법이 만능은 아니었다. 키케로와 브루투스도 생각하지

못한 점이 있다. 옥타비아누스가 법이라는 테두리에서 공화국의 벽돌과 기둥으로 자신의 제국이 들어갈 빌딩을 지었고 그 빌딩이 언젠가는 무너질 것이라는 사실을.

빌딩이 무너질 것은 옥타비아누스도 예상하지 못했다.

로마의 멸망

제국의 수도 로마에 꽃향기가 퍼지고 상서로운 구름이 웅대한 판테온과 화려한 개선문에 걸려 있었다. 새벽녘 첫 햇살이 광장의 황금색 이정표에 내려앉을 때 '모든 길은 로마로 통한다'는 말이 이곳에서 시작됐다.

로마는 그들에게 세상의 중심이었다.

그러나 중국이 남북조 시기의 다사다난한 정국에 놓여 있을 때 이 아름다운 도시는 완전히 파괴됐다. 기원후 410년에 서고트족이 로마를 함락시키고 3일 밤낮 동안 깡그리 약탈했다. 455년에 로마는 다시 적의 수중에 들어갔다. 반달족이 꼬박 15일간 약탈을 진행해 로마를 동탁董卓 쇠발굽 아래의 장안과 낙양으로 바꿔놓았다.

기원후 476년에 제국의 마지막 황제는 게르만이 고용한 장수의 손에 의해 폐위되었다. 아이러니하게도 이 어리고 무지한 황제에겐 말문이 막히는 이름이 있었다. 로물루스와 아우구스투스. 애석하게도 하늘에 있는 이 두 위대한 선조의 영혼도 로마를 멸망에서 구제할 수는 없었다.

지중해로 떨어진 태양은 다시는 떠오르지 못했다.

물론 여기서 말하는 것은 서로마 제국이다. 동로마 제국은 1453년에야 오스만튀르크에게 멸망했다. 하지만 도시국가에서 발전하기 시작한 로마의 수도가 로마에 없는데 로마 제국이라고 부를 수 있는가?

그렇기 때문에 콘스탄티누스 1세가 천도한 날부터 로마는 멸망했다.

사실 로마는 수도의 모습을 잃은 지 이미 오래였다. 기원후 284년에 디오클레티아누스는 제위에 오른 뒤 19년 동안이나 로마를 방문하지 않았다. 303년에 이르러서야 로마에서 개선식을 한 번 열었고 로마 시민과 원로원도 황제를 처음 봤다. 게다가 그것이 마지막이었다.

수도는 수도 같지 않고 원로원도 원로원 같지 않았다.

앞서 말했듯이 원로원은 로마의 진정한 권위이자 영혼이었다. 그렇게 된 것은 법의 규정 때문도 아니고 원로원이 엘리트들로 구성됐기 때문은 더더욱 아니었다. 바로 그런 까닭에 잘못된 결정을 내리고 집정관을 잘못 선출할 확률을 최대한 줄일 수 있었다. 이것이 귀족들이 원로원을 독점하는 정당한 이유였다.

나중에는 평민도 원로원에 들어갈 수 있었지만 평민 중에서도 엘리트에게만 해당되는 일이었다. 그래서 귀족정치는 과두정치로 변했다. **124**

과두정치에는 장점이 있다. 국가의 사무가 끝없는 논쟁에 빠지는 상황까지는 치닫지 않는다는 것이다. 또한 두령들은 국가를 자기 소유로 간주하는 만큼 나라를 팔 리도 없었다.

이를 위해 로마에는 두 개의 법 규정이 있었다. 첫째, 원로원 의원이 되면 임기는 종신이다. 둘째, 전심전력으로 공적인 일에만 집중하고 권력을 앞세워 사적인 이익을 도모하지 않도록 하기 위해 원로원 의원은 상업에 종사할 수 없다.

안타깝지만 권세욕과 물욕은 인간의 본능이다. 직접 장사를 할 수 없는 의원은 자신의 산업을 기사들에게 넘겼다. 기사는 원래 로마 군대에서 부유한 시민으로 자체적으로 말을 준비해 전투에 참가할 수 있었다. 하지만 이제는 실속 없고 쓸데없는 명성만 남아 의원의 대리인, 하청업자, 심지어 매춘 알선업자를 충당하는 것이 전부였다.

의원들에게 덕행 따위가 있기나 했을지 상상이 간다.

원로원은 부패하기 시작했다. 기원전 113년, 즉 장건이 세상을 떠난 다음 해에 누미디아 왕이 로마 장수에게 뇌물을 주어 로마로 소환됐다. 하지만 그는 똑같은 방법으로 원로원으로 하여금 법정에 나가 증인으로 서지 않아도 된다는 결정을 내리게 만들었다. 이 왕은 경멸하는 투로 말했다. "로마에서는 돈으로 살 수 없는 것이 없다."

로마 시민도 부패했다.

시민이 부패한 데는 원인이 있었다. 노예제를 실시한 로마는 주로 노예의 노동에 기댔다. 전성기에는 로마 도시 인구 100만 명 중 노예가 40만 명이나 됐다. 그러자 많은 평민이 직업 없는 떠돌이가 되어 갈수록 가난해졌고 사회의 불안정 요소로 떠올랐다.

당국은 조그마한 선심으로 민심을 매수하는 방법을 썼다. 시민에게 빵을 무료로 공급했고 명절이 1년에 9~10일이나 됐다. 아무런 할 일이 없는 시민들은 원형극장, 콜로세움, 공중목욕탕과 붉은 옷을 걸친 기녀들에게 세월을 소모했다. 청나라 팔기군의 자제들과 똑같았다.

이렇게 하는 일 없이 빈둥거리며 길거리에서 대충 살아가는 사람들이 민회를 구성하고 민주 권력을 행사하는 장면이 어땠을지 짐작이 간다.

사실상 제국 후반에 로마 시민들은 정치에 전혀 관심이 없었다. 황제들이 옹립되었다가 살해되는 것을 무심하게 지켜보고, 자기 군대의 병사들이 산이 무너지듯 패배하는 것을 무기력하게 응시했으며, 야만족이 침략했을 때는 외국과 내통하고 문을 열어주어 약탈을 헌납하며 신나 하다가 또 후회하면서 적의 행렬에 가담했다.

전혀 이상한 일이 아니었다. 로마 시내의 빈부격차가 엄청났기 때문이다. 약 20퍼센트의 부자만이 호화 주택에서 살았으며, 그들이 입고 있는 중국 비단의 가격은 같은 무게의 황금에 상당했다. 그런데 빈민들은 누추한 방에 틀어박혀서 살았으니, 어찌 화가 치밀지 않았겠는가?

운이 없는 것은 어쩔 수 없이 그들의 황제였다.

사실 제국 말년에는 황제도 별 볼일 없었다. 그들은 사기꾼이 아니면 꼭두각시였고 왕위를 찬탈한 자가 아니면 가짜였다. 또한 제국의 권력을 제대로 장악할 수 있는 사람이 하나도 없었다. 전부 군대가 옹립하거나 군대에 의지해 황제에 올랐기 때문이었다. 물은 배를 띄울 수도 있고 배를 뒤집을 수도 있듯이 황제를 좌지우지할 수 있는 것은 군대밖에 없었다.

그 외에는 건장한 남성들에게 증오심이 가득한 환관들뿐이었다.

군대도 마찬가지로 타락했다. 과거에 그들은 조국과 자신의 영예를 위해 전쟁을 했고 군 입대는 영광스러우며 체면이 서는 일이었다. 따라서 로마가 시민권이 없는 동맹국에 병력을 제공하게 한 것도 그들의 체면을 세워주는 셈이었다. 그런데 이제는 돈을 주면 대신 살인을 해주는 판국인데 군대가 제국을 지켜주길 기대할 수 있을까?

무엇보다 군대의 성분도 변했다. 원수 제도를 실시하던 시대에 로마 군대의 주력군은 하나같이 로마 시민이었다. 디오클레티아누스 이후에는 작전회의 좌석 절반을 야만족 출신의 장수들이 점령했다. 그들은 제국에 강한 소속감이 없었으므로 직무에 충실한 것만으로도 충분히 도덕적이었다.

이것이 바로 멸망 전의 로마였다.

127　수도가 수도답지 않으니 로마의 우월성이 사라졌다. 원로원이 원

로원답지 않으니 귀족 또는 과두제의 우월성이 사라졌다. 시민이 시민답지 않으니 민주제의 우월성이 사라졌다. 황제가 황제답지 않으니 군주제의 우월성이 사라졌다. 모든 우월성이 사라졌는데 망하지 않고 배기겠는가?

이렇듯 로마가 멸망한 근본적인 원인은 부패하고 변질된 데 있었다.

하지만 로마에는 공화 정신과 법치 전통이 있지 않았던가? 이런 정신과 전통에 힘입어 로마는 공화제도를 500년이나 견지했고, 제국이된 뒤에 동란이 끊이지는 않았어도 붕괴하지 않은 것 아닌가? 그런데 어째서 결국 끝나고 만 것인가?

그들에겐 '도道'가 없었기 때문이다.

혹은 핵심 가치가 없고 궁극적으로 추구하는 바가 없었기 때문이다.

그리스인에게는 있었다. 독립, 자유, 평등이 그것이다. 그리스 문명이 남긴 가장 소중한 사상이자 문화유산이다. 그들에겐 민주만 있고 공화는 없다는 데 문제가 있었다. 그래서 아테네는 스파르타와 세계 패권을 다툴 때 뜻을 이루기는커녕 핵심 가치를 등지고 쇠망으로 향했다.

중국인에게도 있었다. 중국인은 적어도 자신이 무엇을 원하는지와 무엇을 원할 수 있는지를 알았다. 바로 소강小康, 인정仁政, 왕도王道다. 중국인은 정치적 지혜도 모자라지 않았기에 현실과 이상 사이에서 균형을 찾을 수 있었다. 하지만 애석하게도 왕도는 이상에 그쳤고 인정을 실현하려면 운이 따라야 했다. 그 결과 혼란한 상황이 그치질 않았다.

반면 로마인에게는 나라를 다스리는 도가 없었다. 우월한 제도와 뛰어난 방법들은 모두 기술적인 것이었고 현실의 이익을 위한 것에 불과했다. 종교(종교라고 할 수 있다면)마저 유대교와 같은 훌륭한 사상이나 거룩한 사명이 없었다. 그래서 훗날 로마인들은 스스로도 대체 무엇을 원하는지 몰라 밤마다 풍악을 울리고 노래나 불렀으니 진보할 턱이 없었다.

아마 콘스탄티누스는 이 점을 이미 인식했던 것 같다. 그래서 기독교에 의지하며 그 새로운 종교가 그의 신민들에게 정신적인 지주가 되어주고 더 높은 경지로 올려주길, 최소한 중국의 유교처럼 모두에게 심신의 평안을 주길 바랐다. 비록 그는 유교가 무슨 물건인지도 몰랐지만.

그런데 신앙이 정말 필수적인 것인가?

그렇다면, 신앙은 공권력으로 세울 수 있는가?

공권력을 바탕으로 발전한 기독교가 정말 구세주인가?

그렇다면 로마는 왜 멸망했는가?

흠, 우리는 역사를 다시 읽어야 할 것 같다.

129

신앙

테오도시우스 1세는 교회에 공개적으로 회개한 최초의 로마 황제이며
기독교를 국교로 정한 주인공이다. 테오도시우스가 사망한 뒤 로마 제국은
동과 서로 양분되었고 로마의 정신도 거의 자취를 감췄다.
그렇기 때문에 그는 기독교의 일등공신이면서 로마 제국과 문명의 무덤을 판 사람이다.

중국인은 왜 신앙이 없는가?

중국과 마찬가지로 로마도 처음에는 신앙이 없었다. 세계적인 문명을 창조한 로마인은 백지 위에 원대한 계획을 그렸다. 초기 1000여 년 동안 신앙이 없었던 것은 물론이고 적잖은 신도 그리스에서 수입하거나 그리스와 공동 출자로 만든 것이었다. 이를테면 천공의 신 유피테르, 천계의 여왕 유노, 사랑의 여신 베누스, 달의 여신 디아나는 사실 그리스의 제우스, 헤라, 아프로디테, 아르테미스다.

무엇보다 신이 있다고 해서 신앙이 있는 것은 아니다.

신앙이란 무엇인가? 신앙은 초자연, 초세속적인 존재에 대한 확고부동한 믿음이다. 여기에는 조건이 따른다. 믿음과 결연한 믿음, 믿는 대상이 자연계에 속하지 않으면서 인류사회에도 속하지 않아야 한다. 이것을 초자연, 탈속이라고 한다.

133 이것이 가장 중요하다. 왜일까? 초자연, 탈속이 존재해야 사람들

이 신앙을 필요로 하기 때문이다. 사실상 이 존재가 자연계에 속한다면 과학 실험으로 증명할 수 있을 것이고 인류사회에 속한다면 일상의 경험을 통해 증명할 수 있을 것이다. 과학 실험을 통해서도, 일상의 경험을 통해서도 증명할 수 없으니 어떻게 해야 하나?

신앙밖에 없다.

이 이치를 가장 명확히 설명한 사람은 테르툴리아누스다.

테르툴리아누스는 로마 제국 기독교의 지도자급 인물 중 한 명이다. 그는 이런 말을 했다. "하나님의 아들이 죽었다는 것은 불합리하지만 믿음이 간다. 장사 지낸 후 다시 살아났다는 것은 불가능하지만 의심이 가지 않는다."

불합리하지만 믿어지고 불가능하지만 의심이 가지 않는다니, 황당하지 않은가?

당연했다.

그래서 테르툴리아누스는 말했다. "나는 황당하기 때문에 믿는다."[1]

정말 지극히 분명하다.

그러면 이렇듯 굳게 믿어야 하는 황당함이 무슨 필요가 있을까?

영혼을 편안하게 해준다.

사람은 얼마쯤 정신적인 것을 필요로 한다는 사실을 우리는 안다. 사람의 눈은 돼지나 닭처럼 눈앞의 밥통만 바라볼 수 없다. 제대로 된 옷 하나 걸치지 못하고 배불리 먹지 못하며 의지할 곳 없이 막다 **134**

---

1 에른스트 카시러의 『인간이란 무엇인가An Essay on Man』 참고.

른 지경에 처한다 해도 '왜'라는 질문을 해야 한다. 나는 왜 이런가? 운명인가? 환경 때문인가? 성격인가? 누가 내 앞날을 결정할 수 있을까? 나 자신인가? 사회인가? 신비롭고 알 수 없는 힘인가?

여러 답이 있을 수 있지만 궁극적으로 묻는 것은 딱 하나다.

사회와 환경이 동일하다면 사람과 사람은 왜 다른가?

두 가지로 설명할 수 있다. 사람은 각자 운명이 있거나 자업자득이다. 첫 번째에 동의한다면 묻겠다. 운명이란 무엇인가? 운명은 누가 주관하는가? 사람의 운명은 왜 그 모양이 아니고 이 모양인가?

하늘만이 안다.

물론 당신은 "운명은 자신이 지배하는 것이고 내 운명은 내 선택"이라고 대답할 수도 있다. 좋다. 당신은 누구인가? 당신은 어디에서 왔는가? 당신은 어디로 가는가? 당신은 무슨 힘으로 운명을 지배하는가? 운명을 지배하는 능력은 어디에서 오는가? 배우는 것인가? 왜 어떤 사람은 배워도 안 되는가? 천부적인 것인가? 그러면 하늘에서 어떻게 주는가?

그만 물어야겠다. 답이 없는 질문이니까.

사실 사람이 어떤 질문들에 대답할 수 있는 것은 이성과 지식이 있기 때문이다. 그런데 이성과 지식에는 한계가 있다. 과학이 우주의 기원을 설명할 순 있어도 사람이 왜 행복하고 불행한지는 설명할 수 없다.

135

대답은 할 수 없고 마음은 편안하고 싶으니 신앙을 가질 수밖에 없다. 신앙은 사람에게 있어 궁극적인 배려다.

그래서 신앙의 대상이 반드시 초자연, 탈속적인 것이어야 하듯이 신앙 그 자체도 반드시 초공리功利적이고 초현실적이어야 한다. 공리의 목적에서 비롯된 생각과 의식들은 신앙이라고 할 수 없으며 기껏해야 숭배라고 부를 수 있다.

이제 로마와 중국을 보자.

고대의 중국인과 로마인은 세계 여러 민족과 마찬가지로 만물에 영혼이 있다고 믿었다. 즉 사람뿐 아니라 동물, 식물, 자연물(산이나 물)에도 영혼이 있다고 믿었다. 그리고 이들 뒤에는 알 수는 없지만 통제하거나 이용할 수 있는 신비한 힘이 있다고 믿었다.

그 결과로 두 가지가 생겼다. 점을 치는 것과 다신多神 숭배다.

점은 사실 일종의 무속이다. 중국인에겐 두 가지 점이 있다. 은나라 사람들은 갑골甲骨을 이용했고 주나라 사람들은 시초蓍草를 이용했다. 로마인에게도 두 가지가 있었다. 하나는 동물의 내장을 보는 것이고 다른 하나는 새가 나는 모습을 보는 것이다. 군사행동에서는 암탉이 먹이를 먹는 모습을 봤다. 식욕이 왕성하면 길하고 식욕이 부진하면 흉했다.

그래서 제1차 포에니 전쟁 때 로마 함대의 지휘관은 특별히 한 떼의 암탉을 데리고 배에 올랐다. 애석하게도 환경에 적응하지 못한 암닭들은 며칠 내내 먹이 먹기를 거부했고 화가 난 지휘관은 암탉들을 모조리 바다에 던졌다. 지휘관이 말했다. "먹기 싫으면 물이나 실컷 마셔!"

지휘관은 대패했다고 한다.

이것은 엄연히 신앙이 아니라 실용이었다.

다신 숭배도 마찬가지다.

만물에 영혼이 있다는 것을 믿는 사람들은 보통 만물이 신명하다는 것도 믿는다. 그래서 로마에는 중국처럼 산의 신, 강의 신, 바다의 신, 문의 신이 있었고 부뚜막의 신과 땅의 신도 있었다. 대우大禹, 카이사르 등 국가와 민족에 큰 기여를 한 사람도 신명하다고 받들었다. 귀신은 거의 없는 곳이 없었다.

로마의 신전을 판테온이라고 부른 것이 납득이 간다.

사람이 많으면 농사짓기가 좋고 신이 많으면 한 해가 순조롭게 간다. 로마인들에게는 신명한 존재가 많았기에 명절도 많았다. 로마인의 명절도 있고 외국인의 명절도 있었는데 어떤 명절이든 떠들썩하고 기쁘게 지냈다. 2월 15일 루페르칼리아 축제에서는 여러 명 중에서 뽑힌 건장한 체구의 젊은 남자가 잔달음으로 가볍게 뛰어다니면서 손에 든 가죽 채찍으로 도중에 만나는 여자들을 살짝살짝 쳤다. 이렇게 하면 민족이 번성한다고 했다.

물론 이것도 신앙이 아니라 놀이다.

로마인은 그리스인처럼 놀이를 좋아했고 훗날 기독교를 믿게 되었을 때도 마찬가지다. 밸런타인데이가 생긴 것은 박해로 죽은 크리스천 밸런타인을 기념하기 위해서라고 한다. 크리스마스도 사실 이교도인 페르시아의 태양신이 탄생한 날이라고 한다.

유독 이 문제에 있어서만큼 초기 기독교는 진보적이었다.

그런데 더 중요한 것은 쓸모가 있어야 한다는 점이었다.

중국의 불상들은 쓸모가 있다. 관음보살은 출산을 관장하고 조공원수趙公元帥(중국 민간 전설의 귀신. 조공명趙公明이라고도 함―옮긴이)는 재물을 관장한다. 하늘에 있는 열조들의 영혼은 자손 후대의 가화만사성을 돕는다. 사람들을 고난에서 구제했다면 성모마리아도 숭배 대상이 되었을 것이다. 실질적인 이점을 가져다주면 중국인은 거리낌 없이 새 주인을 모셨다.

전쟁의 신 마르스, 곡물의 여신 케레스, 술의 신 바쿠스, 의술의 신 아스클레피오스 등 로마의 신도 마찬가지로 많고 쓸모가 있었다. 업종의 개수만큼 보호하는 신이 있었고 수요가 있는 만큼 사람들을 인도했다.

그런데 중국과 로마는 둘 다 세상을 창조한 신이 없다.

없는 것은 필요가 없기 때문이다. 실용주의 원칙에서는 항상 쓸모가 있는지만 따질 뿐, 내력은 묻지 않는다. 따라서 중국과 로마에는 전담직 신관도 없고 인간 세상에서 신을 대리하거나 대표하는 사람도 없다. 로마의 신관은 사실 공무원이었고 중국에는 여기저기 돌아다니는 도사道士와 개업한 승려들 그리고 강호의 사기꾼이 전부였다.[2]

로마와 중국은 확실히 많이 닮았다.

딱 한 가지 다른 점이 있다. 로마의 신은 인간과 똑같이 칠정육욕을 지녔으며 단점도 있고 실수도 한다. 사랑의 신 베누스와 전쟁의 신 마르스가 외도한 이야기는 사람들이 감상할 수 있도록 조각상으로 만들어졌다. 굉장히 섹시하고 신성함이라곤 찾아볼 수 없는 작품이다.

원인은 나라의 정세가 다르기 때문이다. 중국인은 덕으로 나라를 다스리므로 신들은 위엄이 있고 엄숙한 모습이다. 로마인들은 법으로 나라를 다스렸으므로 욕망의 합리성을 태연하게 인정한다. 무엇보다 그들의 신은 도덕을 통한 교화, 도덕적 평판이라는 임무를 감당하지 않는다. 인간 세상에 편안함과 즐거움을 가져다줄 수 있으면 할 일을 원만히 해결한 셈이다.

정말 신앙이라고 하기가 민망하다.

이렇듯 귀신이 있다고 종교가 있는 것은 아니고 숭배를 한다고 해서 신앙이 있는 것은 아니다. 신화가 종교를 탄생시킬 수 있고 숭배가 신앙의 시작일 수는 있다. 하지만 이 두 지점에서 출발해도 완전히 다른 길을 갈 수 있다.

인도와 불교가 좋은 예다.

---

2 로마의 신관과 제사장은 민회에서 선출했다. 시오노 나나미의 『로마인 이야기』 1권 참고.

불교: 신이 없는 종교

오늘날까지도 인도는 종교 대국이다. 힌두교, 이슬람교, 불교, 자이나교, 시크교가 장기간 공존하고 다원적으로 병립하면서 오랫동안 시들지 않는 인도인들의 종교적 열정을 충분히 드러내고 있다. 하지만 고대 인도에서 발생했으면서 세계적인 영향력을 지니고 있는 것은 불교다.

불교의 포지셔닝을 보면 머리가 다 아프다. 불교는 유일신교인가? 엄연히 아니다. 불교세계에는 여러 부처가 있다. 그러면 다신교인가? 그것도 아니다. 모든 부처와 보살, 나한羅漢은 신이 아니라 사람이다.

그러면 불교는 신이 없는 종교가 아닐까?

자초지종을 살펴보자.

불교의 탄생지는 현재의 네팔 국경 안이다. 히말라야 산기슭 밀림 속에 샤카족의 작은 나라가 있었다. 불교의 창시자는 이 나라 왕자인 싯다르타 고타마다.

그가 석가모니라고 불린 것은 나중 일이다.

왕자는 신기한 일들을 잔뜩 동반하고 태어났다. 그는 태어나자마자 지혜와 빛을 한껏 발산하며 시방세계十方世界를 밝혔고, 발밑에서 황금색 연꽃들이 솟아나왔다. 왕자는 연꽃을 밟으며 동서남북으로 각각 7보씩을 걸은 뒤에 손으로 하늘과 땅을 가리키며 포효했다. "천상천하 유아독존."[3]

물론 신빙성이 크게 떨어지며 누가 지어낸 건지도 불분명하다. 사실 불교의 시조는 생애를 역사적으로 고증할 근거가 없으며, 생몰년에 대한 견해도 60여 가지나 되고 가장 오래된 것과 가장 최근의 것의 격차가 수백 년에 이른다.

게다가 불교에서는 신을 믿지 않는다.

세계에는 두 종류의 신이 있다. 하나는 유일신교의 신, 즉 조물주다. 조물주는 인간이 아님은 물론, 형상도 없다. 다른 하나는 다신교의 신이다. 그중에는 대우나 카이사르처럼 인간도 있는데 다들 죽은 자들이다. 사람은 죽으면 귀신이 되지만 국가와 민족에 큰 공덕을 쌓은 사람은 신이 된다.

그래서 카이사르는 황제가 될 수 없었어도 신으로 봉해질 수는 있었다.

물론 살아 있는 사람으로서 인간의 한계를 벗어난 자도 있다. 바로 신선이다. 신선은 중국에만 있는 존재로 등장한 시기도 늦었다. 여동

---

3 『보요경普曜經』을 인용한 『경덕전등록景德傳燈錄』 권1 참고.

빈呂洞賓이 그 예다. 신선들은 득도를 하여 날 수 있었고 장생불로하면서 무궁무진한 법술을 부렸으며 구름과 안개를 타고 다닐 수 있었다.

나머지는 귀신과 요괴다. 그중에서 힘이 가장 센 것을 마귀라고 하고 힘이 가장 약한 것을 요괴라고 하며 여자는 요물(구미호 등), 남자는 요괴(황풍괴黃風怪 등)라고 한다. 하지만 예외 없이 모두 잡귀다.

신계神界도 속세와 마찬가지로 시끄럽고 평범하다.

귀신과 요괴는 만물에 영혼이 있다는 주장에 따라 나온 산물인 반면, 신들은 사회의 이상과 사회생활이 투영된 존재다. 이 두 관념에 풍부한 상상력이 더해져서 천태만상, 기이하고 다채로운 허구의 세계가 형성됐다.

하지만 이것은 불교의 세계가 아니다.

불교의 세계는 수미산을 중심으로 한다. 수미산에 같은 해와 달이 비추는 사주四洲가 합쳐져서 작은 세계가 형성됐다. 그리고 1000개의 작은 세계가 하나의 소천세계小千世界가 되고 1000개의 소천세계는 하나의 중천세계中千世界를 이루며, 1000개의 중천세계는 하나의 대천세계大千世界를 이루는데 삼천대천세계三千大千世界라고도 한다.

이것은 신적이지 않은 세계다.

석가모니는 여호와, 카이사르 또는 여동빈도 아니었다. 그는 살아 있는 진짜 사람이었고 80세에 죽었다. 석가모니는 살아 있을 때 이미 성불成佛했기 때문에 사후에 신으로 봉해지지도 않았다. **142**

그러면 부처는 무엇인가?

부처는 불타佛陀로 '깨달은 자'라는 뜻이다. 석가모니(샤카무니)는 샤카족의 성자다. 중국인이 공구孔丘를 공자孔子, 맹가孟軻를 맹자孟子라고 부르는 호칭이 존경을 표하기 위함이지 신성함이 담겨 있거나 신격화한 것은 아닌 것과 같다. 무엇보다 이런 '깨달은 자'는 당시에도 적지 않았지만 불교의 시조가 된 것은 단지 석가모니가 불교를 창설했기 때문이다.

전설적인 이야기가 또 하나 있다.

싯다르타는 29세에 출가하기 전까지 고귀한 왕족이었고 아름다운 아내와 사랑하는 자녀도 있었지만 행복하지 않았다. 아마도 그 자신이 행복하지 않은 것이라기보다는 인류가 행복하지 않다고 느낀 것 같다. 하루는 싯다르타가 왕성의 서문으로 나오다가 우연히 생로병사에 해당되는 각각의 네 가지 사건을 맞닥뜨렸다. 그래서 그는 태어나 자라고 늙고 병에 걸리며 죽는 것이 사람의 일생을 관통하며 괴롭지 않은 것이 없다는 사실을 깨달았다.

고해는 끝이 없는데(고해무변苦海無邊) 어떻게 돌아보아 피안을 발견할 수 있을지(회두시안回頭是岸)를 알 수 없었다.

젊은 왕자는 집을 떠나기로 결심했다. 그는 머리카락을 밀어버리고 진리를 추구하기 시작했다. 사방을 떠돌아도 도무지 이해가 안 되자, 싯다르타는 무화과속의 어느 나무 밑에서 맹세했다. "정각正覺을 이루지 못하면 이 자리에서 일어나지 않겠다!"

이 나무를 보리수菩提樹라고 한다.

싯다르타 고타마는 바로 이런 식으로 골똘히 생각에 빠졌다. 드디어 어느 날, 그는 눈앞이 환해지면서 무상정등정각無上正等正覺(비할 데 없이 완전한 지혜와 깨달음─옮긴이)을 깨달았다. 이것은 일체의 진리를 깨달아 알고 모든 사물을 이해하여 알아 모르는 것이 없는 지혜라고 한다. 이 지혜는 반야般若라고도 한다. 수련을 통해 도달하고자 하는 최고의 경지는 열반涅槃이라고 하며 반야를 얻고 열반에 도달하는 것은 바라밀다波羅密多라고 한다.

열반에 대해서는 설명이 필요하다. 열반은 적멸寂滅이라고도 한다. 따라서 죽음으로 잘못 이해될 때가 많다. 사실 열반은 욕망의 적멸에 지나지 않으며 그로 인해 영혼의 안정을 얻는다. 그러기 위해서는 큰 지혜가 필요한데 그 지혜가 바로 반야다.

지혜의 힘은 무궁하다. 이렇게 큰 지혜가 생기면 차안此岸에서 피안彼岸으로 갈 수 있다. 차안이란 생과 사의 미계迷界(번뇌에 시달려 삼계三界를 헤매는 중생들의 미망의 세계─옮긴이)이고 피안은 열반과 해탈이다. 그 경지에 이르는 방법과 경로는 팔정도八正道(중생이 고통의 원인인 탐貪·진瞋·치痴를 없애고 해탈하여 깨달음의 경지인 열반의 세계로 나아가기 위해서 실천하고 수행해야 하는 여덟 가지 길 또는 그 방법─옮긴이), 계정혜戒定慧(깨달음에 이르려는 자가 반드시 닦아야 할 세 가지 수행으로 계율을 지켜 실천하는 계戒, 마음을 집

144

중·통일시켜 산란하지 않게 하는 정定, 미혹을 끊고 진리를 주시하는 혜慧——옮긴이)
등 다양하다.

이렇게 해서 정리된 사상 체계와 수행 방법이 세워졌다.

석가모니는 그 자리에서 부처가 되었다.

성불한 석가모니는 중생을 제도하기 위해 전법륜轉法輪(포교)을 시작
했다. 또한 그는 성불의 핵심은 깨달음이라고 우리에게 전했다. 자각
自覺, 각타覺他, 각행원만覺行圓滿하면 누구나 성불할 수 있다는 것이다.

물어보자. 이것이 다신교인가?

아니다.

유일신교인가?

더더욱 아니다.

그러면 뭐라고 해야 하나?

표현을 하나 지어낼 수밖에 없다. 무신교.

그러나 인도는 원래 종교가 있었는데 브라만교가 바로 그것이다.
브라만교는 다신교이고 3대 주요 신은 창조의 신 브라마, 보존의 신
비슈누, 파괴의 신 시바이며 신격이 지극히 숭고했다. 3대 주요 신을
중심으로 파생된 다른 신도 셀 수 없이 많았다.

인도는 원래 신이 많은 세계였다.

신이 없으면 종교가 될 수 없다. 그것이 다신교든 유일신교든. 따라
서 불교는 아소카왕 시대에 잠깐 반짝할 수밖에 없었다. 그 뒤 인도

는 또 다신교로 돌아갔다. 바로 개혁을 거친 새로운 브라만교인 힌두교였다.

석가모니가 창조한 무신교는 멀리 타향으로 떠나버렸다. 한쪽으로는 스리랑카에서 미얀마, 타이, 라오스, 캄보디아로, 다른 한쪽으로는 파미르 고원을 거쳐 중국으로 전해지고 다시 한국, 일본, 베트남에 전해졌으며 또 달리 네팔과 한족漢族이 거주하는 지역에서 티베트로 유입되었다. 이로써 소승불교인 남전南傳, 대승불교인 한전漢傳, 라마불교 장전藏傳이 되었다.

그런데 남전, 한전, 장전 할 것 없이 이미 모두 원시 불교의 본래 모습을 잃었다. 예를 들면 사당이 있고 우상도 있으며 부처와 보살은 신격화되어 숭배를 받는다. 이처럼 불교는 세계적인 종교가 된 한편 석가모니가 처음 품었던 취지와는 점점 멀어졌다.

그러면 석가모니가 처음 생각한 취지는 무엇이었나?

인생의 철학, 지혜와 경지를 세우고 각자의 노력을 통해 그것을 얻을 수 있게 하는 것이었다. 얻는 방법은 공부, 수행 또는 깨달음 등 다양했지만 신앙은 아니었다. 초자연적이고 세속을 초월한 존재가 없었으며 그런 존재에 대해 확고부동한 믿음도 없었기 때문이다.

불교가 우리에게 줄 수 있는 것은 신앙이 아니라 깨달음이다.

그러나 인류의 궁극적인 질문에는 답이 있어야 하고 궁극적인 사랑도 귀착점을 요한다. 따라서 반드시 신앙이 생겨야 한다. 또한 그 사랑과 질문은 최종적인 것이어야 하고 답 또한 하나일 수밖에 없다.

바꿔 말하면 유일신교도 생겨야 한다.

다만 조건이 필요할 뿐이다.

유대인: 인류의 선지자

인류 중에서 가장 먼저 신앙을 세운 이들은 유대인이다.

히브리인 또는 이스라엘인이라고도 하는 유대인은 메소포타미아 출신의 오래된 민족으로 가나안 지역(지금의 시리아, 레바논, 이스라엘 일대)에 거주했다. 유대인들은 오랫동안 끊임없이 강대국들의 핍박에 시달리다가 결국 나라가 멸망하고 갈 곳 없이 떠도는 신세가 되어, 한동안 조국이 없는 민족으로 전락했다.

그러나 유대인은 역사상 영향력의 측면에서는 당시 그들을 정복했던 모든 국가와 민족을 뛰어넘었다. 그들은 유일신교를 발명했기 때문이다.

유일신교를 발명한 것이 중요한 일인가?

물론이다. 중심이 여러 개라는 것은 중심이 없다는 것이고 신앙이 여러 개라는 것은 신앙이 없다는 뜻이기 때문이다. 뭐든지 믿는다는 것은 무엇도 믿지 않는 것과 같다. 따라서 다신교라는 것은 사실 신앙이 없는 것일 때가 많다. 진짜 제대로 신앙을 가지려면 유일신교에 의존할 수밖에 없다.

그런데 왜 유대인이었을까?

먼저 그들의 상황을 살펴보자.

유목민족인 히브리인은 대략 기원전 1500년에 가나안으로 갔고 지도자는 아브라함이었다. 그 뒤 그들 중 일부 부락은 이집트 파라오의 노예가 되었다가 위대한 선지자 모세의 인도로 탈출해 가나안에 정착하여 다사다난한 운명이 시작됐다.

가나안의 유대인들은 두 개의 왕국을 세웠다. 북쪽에는 이스라엘이, 남쪽에는 유다가 세워졌다. 분란과 화해를 거듭한 두 왕국을 연결하면 좁고 긴 밴드 모양이다. 서쪽은 지중해이고 동쪽은 요르단 강 반대편의 넓은 사막이다.

결코 좋은 곳이 아니다.

그러나 히브리인들이 살았던 이 작은 땅은 이집트에서 히타이트, 시리아, 아시리아와 바빌로니아로 갈 때 반드시 지나야 하는 길이기도 했다. 남북을 관통하는 자연이 만든 통로는 상인들의 길이자 군대의 길이었다. 그래서 세계 패권을 장악하려고 시도하는 국가들은 여지없이 호시탐탐 그곳을 노렸다.

물론 이스라엘도 좋고 유다도 괜찮았다. 강력한 힘이 있으면 그곳에서 출발해 세계를 정복할 수 있었다. 그러나 안타깝게도 이스라엘과 유다는 몹시도 약소하고 부실해서 약육강식의 전형적인 사례가 될 수밖에 없었다.

기원전 721년(동주 평왕 50)에 아시리아의 왕 사르곤 2세가 사마리아를 무찔러 이스라엘 왕국을 멸망시켰다. 100여 년 뒤, 즉 기원전 586년(춘추시기 노 성공成公 5)에 신바빌로니아의 왕 네부카드네자르 2세가 다시 유다 왕국을 멸망시켰다. 수도인 예루살렘이 파괴되고 유다의 왕과 국민은 바빌론에 포로로 잡혀갔다.

영원히 회복할 수 없는 재난이 겹쳤다.

사실 이런 국가와 민족은 드물지 않고 쉽사리 멸망한 적도 많았다. 메디아, 리디아 등의 이름을 아는 사람이 얼마나 되는가? 한동안 크게 흥성했던 파르티아나 쿠샨 왕조도 사람들에게 잘 알려지지 않았다.

하지만 유다와 이스라엘을 모르는 사람은 거의 없다. 그들의 왕국은 멸망했지만 종교는 일어나기 시작했기 때문이다.

학계에서는 대부분 유대교가 '바빌론 포로' 시절에 제대로 세워졌다고 인정한다. 예루살렘의 시온 산을 떠올리면 절로 눈물이 나는 유대인들은 자신들이 그런 말로를 맞은 것은 히브리 민족의 유일한 주 여호와 하나님을 배반했기 때문이라고 알고 있다.

고통이 지나간 뒤에 돌이켜 생각해본 그들은 신앙이 자신들을 구원했다고 결정했다.

그래서 모세의 십계가 철저히 지켜졌고 모세 오경이 정리되었으며 『구약성경』이 서서히 완성되고 새로운 신앙이 세워지기 시작하면서 다신교의 잔재가 버려졌다. 고난을 극복하고 다시 태어나기로 결심한 유대인들은 스스로를 쇄신했다.

그 결과 다난흥방多難興邦(많은 어려운 일을 겪고서야 나라를 일으킨다)이라는 말이 유대인에게서 '나라는 일으킬 수 없다. 일어나는 것은 종교다'라는 뜻으로 새롭게 풀이되었다.

그러면 유대교의 뛰어난 점은 무엇인가?

우선 유대교는 유일신교이며 지극히 철저하다. 세계에서 유일신교의 경향을 띠는 종교가 없지는 않았다. 페르시아의 조로아스터교가 그랬다. 그러나 그런 경향은 아차 하는 사이에 사라졌다. 다신교에서도 주요 신이 있는 경우가 많지만 지위상으로 존귀할 뿐이다. 이런 실낱같은 기미들이 결국에는 유일신교의 시대가 올 것을 암시했다.

유대인의 하나님이야말로 진정한 유일신이다. 그는 독존이 아니라 유일할 뿐이며 다른 것이 없다. 이 위대한 신은 지존무상하고 유일무이하다. 그는 스스로 있는 자이고 전지전능하며 우주를 주관하고 덕이 만물을 덮는, 유일하게 모든 것을 창조할 수 있으면서 창조되지는 않고 창조될 필요도 없는 자다.

이처럼 그는 초자연, 탈속적인 최고의 신비한 힘이며 정신적 실체인 만큼 당연히 형상이 없고 있어서도 안 됐다. 일단 형태가 있으면

151

유한하기 때문이다. 따라서 하나님을 초상화로 그리거나 조각으로 만드는 것은 절대 금지였다. 이 금지령은 훗날 기독교와 이슬람교에 철저히 계승됐다.

불교나 힌두교 등과는 크게 다른 부분이다. 불교는 신이 없고 힌두교는 신이 여럿이니 당연히 우상이 존재할 수 있다. 우상은 숭배에 사용하며 숭배는 신앙이 아니다. 신앙은 반드시 그리고 오로지 초자연, 초세속적인 존재를 확고부동하게 믿는 것이다. 이런 존재에 어찌 형상이 있을 수 있겠는가?

따라서 유일한 신을 확고히 믿고 인정하는 것을 포함해 유대교의 이 규정은 역사적으로 획기적인 사건이 되었다.

그렇다. 이때부터 숭배가 신앙으로 바뀌었다.

이는 모든 유일신교의 공통된 관념이고 모든 유일신교의 공통된 기초이기도 하다. 이 관념을 바탕으로 기독교와 이슬람교는 전 세계적으로 인류의 신앙 체계를 구축했고 문명을 새로운 고도로 끌어올렸다.

그 과정에서 유대인들이 큰 공을 세웠다. 유대교가 없었으면 훗날의 기독교와 이슬람교도 없었을 것이기 때문이다.

유대인은 인류의 선지자다.

그러나 유대교에는 치명적인 약점이자 장점이 있다. 바로 '하나님이 특별히 선택했다'는 사상이다.

152

유대교에서 하는 말에 따르면 유대인은 하나님이 만민 중에서 특별히 엄선한 특등 선민이다. 하나님의 충실한 신도인 유대 민족은 전세계에 하나님의 뜻을 전하라는 특수한 사명을 지고 있다. 이 사명은 신성하고 영광스럽고 어렵지만 하나님이 그들과 함께하신다.

이것이 선민사상이다.

이를 위해 하나님은 유대인에게 '젖과 꿀이 흐르는' 곳을 주겠다고 약속했다. 또한 이후에 유대인이 어느 곳으로 흩어지든 간에 반드시 그들이 그곳으로 돌아오도록 지켜주겠다고 약속했다.

이것이 약속의 땅이다.

그렇다. 유일신과 특별한 선택 덕분에 유대인들은 그들만의 정신적 지주와 정신의 동산을 얻었다. 그로부터 유대인은 수많은 우여곡절에도 굴하지 않고 스스로 강해졌다. 그들은 먼저 유대인을 해방해야 전 인류를 해방할 수 있다는 사실을 알았기 때문이다.

마찬가지로 이러한 신념 때문에 유대인은 1800년을 떠돌았고 1만 8000리의 거리를 두고 뿔뿔이 흩어져 살면서도 똘똘 뭉치는 위대한 민족이 될 수 있었다. 유대인은 세계 어느 모퉁이에서도 자신과 정체성이 같은 사람을 만날 수 있었기 때문이다.

이것이 바로 유일신교의 우월성이다.

문제는 하나님이 이스라엘만의 신이라면 다른 민족과는 어떤 관계인가라는 질문이 남는다는 것이다. 유대인만 하나님의 선민이라면 사람들은 왜 하나님을 따르는가? 자체적으로 신을 하나 찾으면 될 것을 말이다.

유대교는 결국 세계적인 종교가 될 수 없었다.

역사적인 의미도 바로 여기에 있다.

세상의 대다수 문명고국文明古國이 모두 군주제 국가였고 그리스의 민주주의와 로마의 공화주의는 특수한 사례에 불과하듯이, 유대교가 탄생하기 전까지 세계의 민족들도 여러 신을 숭배했다. 이렇게 보면 유대인이 유일신교를 발명한 것도 기적이 아닐까?

그런데 당시의 특수한 사례가 훗날에는 세계적인 흐름이 된 것을 보면 민주와 공화에 분명히 필연성이 존재했다는 설명이 된다. 같은 이치로 세계적인 유일신교가 등장한 것도 필연으로 보아야 한다. 안타깝지만 폐쇄성과 배타성이 지나치게 강한 나머지, 창건의 공이 있음에도 유대교는 그 임무를 완수할 수 없었다.

그러고 보면 하나님은 유대인에게 단계적인 사명만 주었고, 세계적인 유일신교도 세계적인 문명에서만 등장할 수 있었던 것 같다.

그 문명이 바로 로마였다.

이렇게 그리스도가 인간 세상에 강림했다.

원죄와 구원

그리스도는 그리스어로 메시아다.

메시아는 구세주이며 기독교의 구세주는 예수다. 예수는 히브리어로 '여호와의 구원'을 뜻하며 여호와는 유일한 신인 하나님이다. 유대교에서는 야훼라고 부르고 기독교에서는 여호와라고 부른다.

구세주는 그리스도라고 부른다.

그런데 구세주가 인류를 구원한 것은 하나님이 인간에게 죄가 있다고 생각했기 때문이다. 또한 그 죄는 태어날 때부터 있었던 것이라서 원죄라고 한다.

유대교에는 원죄라는 개념이 없다. 유대교에서는 아담과 하와의 일화만 얘기하며, 그것을 인간이 세상에 떨어져 고난을 당하게 된 원인이라고 여기지만 이를 교리로 삼지는 않았다. 그들에게는 예수가 없었기 때문이다.

예수가 어쨌기에 그럴까?

십자가에 못 박혀 죽었고 그 사실은 모두가 안다.

그렇기 때문에 문제가 크다. 예수는 하나님의 아들이기 때문이다. 신의 아들이 어떻게 죽는가? 어떻게 죽을 수가 있는가? 하나님은 어떻게 아들이 죽는 걸 보고도 구하지 않으셨나?

그래서 예수는 부활해야 했다. 죽은 이후 다시 살아나야 신의 아들이다.

그러나 이 구세주는 어쨌든 한 번 죽었었고 피도 흘렸다. 예수는 죽기 전에 채찍질을 당했으며 십자가를 지고 형장에 도착하기도 전에 쓰러져 세상을 떠났다고 전해진다.

평범한 사람들은 이해하지 못할 이야기였다. 그들이 전에 들었던 신들과 달랐기 때문이다. 그 신이 그리스인의 신이든 로마인의 신이든. 그래서 합리적인 설명이 필요했다. 어쨌든 새로운 종교가 구축되는 초기에 대중은 감당할 수 있는 마음의 그릇으로 신중하게 고려할 수밖에 없는 노릇이다.

그리하여 한 가지 설명이 나왔다.

그 설명에 따르면 예수는 하나님이 보내셨고 예수의 죽음도 당연히 하나님의 계획이었다. 목적은 사람들을 대신해 죄를 씻어주기 위해서였다. 신의 아들이 속죄한 뒤로는 하나님과 주 예수를 믿으면 사람은 영혼을 구원받을 수 있다.

이것을 '여호와의 구원'이라고 하며 구속救贖이라고도 한다.

원래 예수는 속죄양이었다.

속죄양인 만큼 누군가는 죄가 있다는 뜻이다. 그러면 누구에게 죄가 있는가? 사람, 모든 사람, 전부다. 특정인이나 일부 사람만 죄가 있다면 하나님이 자신의 아들을 희생시켰을 리 없다.

하지만 모든 사람에게 죄가 있다는 것은 사람들이 받아들이기 어려운 관념이므로 태어날 때부터 죄가 있다, 원래부터 죄가 있다는 원시적인 죄악을 설명해야 했다.

그래서 유대인들이 전했던 에덴 이야기에 새로운 해석이 생겼다. 모든 사람에게 죄가 있는 것은 시조가 죄를 지었기 때문이며, 시조가 죄를 지은 것은 그들이 하나님의 뜻을 어기고 뱀의 유혹에 넘어가 선악과의 열매를 몰래 먹었기 때문이라는 것이다.

이것을 원죄原罪라고 한다.

뱀이 어디에서 나왔는가, 아담과 하와는 왜 뱀에게 유혹을 당했는가, 하나님은 왜 사전에 예견하고 경고하지 않았는가에 대해서는 전혀 알지 못한다.

어쩌면 당시에는 이 이야기를 진짜라고 여기는 사람이 없었나보다.

아무튼 이 해석은 유대교를 철저히 개조하고 새롭게 바꾸었다. 유대교에는 원죄가 없고 구속이 없고 예수도 없다. 이 세 가지는 다 기독교의 발명품이다. 그렇기 때문에 유대교와 다른 새로운 종교가 될

157

수 있었다.

　유대의 선지자들은 하나같이 백성은 당연히 모를 것이라고 말했다. 그래서 깨우침과 인도가 필요했다. 예수의 수난과 부활이 그 방식이었다. 예수는 하나님의 아들이므로 그의 수난과 부활은 하나님의 계시였다.

　이것을 하늘의 계시라고 한다.

　그런 까닭에 기독교는 계시의 종교이며 이슬람교도 마찬가지다.

　그런데 이슬람교의 계시는 위대한 선지자인 무함마드에게서 비롯되는 반면 기독교의 계시는 예수나 열두 제자의 공로가 아니다. 원죄와 구원이라는 교리를 제시한 이는 사도 바울이다.

　사도 바울은 예수의 제자가 아니었고 예수를 만난 적도 없었으나 예수의 죽음이라는 사건을 최고의 경지로 끌어올렸다. 훗날 선교사들이 이 이야기를 생생하게 전할 때면 강단 아래의 청중은 대부분 하염없이 흘러내리는 눈물을 참지 못했다.

　우리 영혼을 구원하려고 하나님은 자신의 아들을, 자신의 피로 우리 죄를 속죄시키라며 보내셨다는데 어찌 기독교를 믿지 않고 미적거리겠는가?

　그러므로 기독교의 창시자는 예수라기보다는 바울이라고 해야 한다. 바울이 없었으면 원죄와 구원이라는 교리가 없었을 테고, 기독교도 이렇게 널리 전파되지 못했을 것이며 소리 소문 없이 자취를 감추 **158**

었을 수도 있다.

그런데 예수가 구세주인 것을 인정한 만큼 모든 사람에게 죄가 있다는 관념이 예수에게 속한다는 사실도 인정해야 했다.

그리하여 또 하나의 이야기가 생겼다.

이 이야기에 따르면 어느 날 새벽, 한 무리의 바리새인들이 간음하다 잡힌 여자를 끌고 가버나움 성전으로 왔다. 바리새인들은 율법에 집착하는 유대교의 한 종파였다. 그들이 물었다. "모세가 율법에서 당부하기를 이런 여자는 돌로 쳐서 죽이라고 했습니다. 어떻게 해야 하겠습니까?"

이건 가르침을 구하러 온 것이 아니라 트집거리를 잡으러 온 것임이 분명했다. 예수가 때려도 된다고 말하면 살인죄를 범하게 되고, 돌로 쳐서 죽이면 안 된다고 말할 경우 율법 위반죄를 범하게 된다. 어느 쪽이든 바리새인들은 꼬투리를 잡아서 예수를 고발할 수 있었다.

그러나 예수는 허리를 펴더니 차분하게 말했다. "너희 중에 죄 없는 자가 먼저 돌로 쳐라." 말을 마치고는 다시 몸을 굽히고 손가락으로 땅에 글자를 썼다.

그 말을 들은 바리새인들은 돌로 그 여인을 치기는커녕, 한 명도 남지 않고 전부 물러갔다.[4]

하려는 얘기가 무엇인가?

159 모든 사람은 죄가 있고 예외가 없다는 얘기다.

---

4 『신약성경』 「요한복음」 8장 참고.

이쯤 되니 신·구 종교의 차이점이 한눈에 보인다.

유대교에서는 유대인이라야 '하나님의 선민'이다.

기독교에서는 모든 사람이 '하나님의 죄인'이다.

어느 쪽이 더 개방적인가?

기독교다.

모든 사람이 죄가 있으니 너 나 할 것 없이 다 같이 형제자매이고 구원이 필요하다. 로마인, 그리스인, 스페인인, 게르만인, 그리고 다른 사람들도.

그래서 기독교는 입교의 문턱을 낮추고, 돼지고기를 먹지 않거나 할례를 행해야 하는 등의 유대교의 많은 규정을 없앴다. 할례는 유대인이 하나님과 언약을 세운 증거로 계약서에 서명과 날인을 하는 것에 해당된다. 기독교에서는 머리에 물을 뿌리는 것으로 바꾸어서 성인 남자들이 훨씬 더 쉽게 받아들였다.

기독교가 세계적인 종교가 된 것은 절대 우연이 아니다.

더 중요한 사실은 핵심 가치관이 탄생했다는 것이다.

바로 평등과 박애다.

박애는 구원에서 비롯되고 평등은 원죄에서 비롯된다. 논리는 간단하다. 모두 죄가 있으니 모두가 평등하다. 모두 태어날 때부터 죄가 있으니 모두 태어날 때부터 평등하다. 평등이라는 권리는 조물주가 준 것이니만큼 양도할 수 없다.

160

천부인권天賦人權이라는 개념이 여기에서 싹텄다.

무엇보다 평등은 사람의 약속이 아니고 신의 뜻이었다. 사람의 약속은 믿을 수 없지만 신의 뜻은 거역할 수 없다. 하나님 앞에서 모두가 평등하다는 관념이 세워지자 사람들은 새로운 방식으로 관계를 맺을 수 있게 되었다. 가장 바람직한 방식이라고 할 수는 없지만.

다음 단계는 제도의 설계였다.

마찬가지로 원죄 개념이 긍정적인 역할을 했다. 원죄라는 것은 '사람들은 모두 죄를 짓고 악을 행할 가능성이 있다'는 사실을 알려주기 때문이다. 따라서 사람은 믿을 게 못 되며, 믿을 수 있는 건 제도다. 제도를 설계하는 목적은 사람들이 죄를 지을 엄두를 내지 못하게, 또는 죄를 지을 수 없게 만드는 것이다. 공권력을 사용하는 것은 특히 그렇다.

삼권분립 제도도 이 개념에서 싹텄다.

하지만 천부인권이든 삼권분립이든 모두 나중의 일이다. 기독교가 탄생해서 현대 문명이 세워질 때까지 기나긴 과정이 필요했고, 광명으로 나아가기에 앞서 흑암의 심연에 빠져야 했다. 이는 인류 문명이 지불해야 하는 수업료와 대가였다.

그 순간 누군가는 피를 제물로 바쳐야 했다.

그 어린양은 바로 로마였다.

구세주인가 무덤을 판 자인가

황제 폐하가 밀라노 주교 앞에 겸손하게 무릎을 꿇었다.

손에 땀을 쥐게 하는 장면이었다. 높은 관을 머리에 쓰고 최고의 예복을 입고 호화로운 망토를 두른 주교가 흰옷을 입은 황제 앞으로 장엄하고 엄숙하게 다가가서 나지막하게 물었다. "당신의 죄를 압니까?"

황제가 답했다. "압니다."

주교가 물었다. "참회하길 원합니까?"

황제가 답했다. "참회합니다."

경건한 대답을 들은 뒤 주교는 문밖에서 오랫동안 기다리고 있던 황제를 성당으로 데리고 들어가 제단 앞에서 황제에게 작은 빵조각을 주었다.

제국의 백성이 전 과정을 목도했다. 이 황제의 참회는 공개적으로 진행하도록 요구되었기 때문이다. 이로써 물론 황제 폐하의 존엄성은 **162**

바닥으로 떨어졌지만 기독교의 권위와 명성은 높이 치솟았다.

이것은 기원후 390년의 일이었다. 당시 중국은 동진 시대였으며 참회한 로마의 황제는 테오도시우스 1세였다. 교회에서 '대제'라는 호칭을 받은 이 황제는 시대의 획을 그은 인물로 꼽힌다. 그가 사망한 뒤 로마는 동로마 제국과 서로마 제국으로 양분되었고, 그가 살아 있을 때 기독교가 국교로 정해졌다.

두 사건 모두 중대한 의미를 지닌다.

기독교가 국교로 정해진 것은 테오도시우스 1세가 참회하고 2년 뒤인 392년의 일이다. 예수가 십자가에 못 박혀 죽었다고 전해지는 때와는 시간적으로 360여 년의 거리가 있다. 역사적으로는 눈 깜짝할 사이지만 기독교에 있어서는 하늘나라와 인간 세상만큼이나 엄청난 차이가 생긴 기간이었다.[5]

'집권당'이 된 기독교는 빠른 속도로 칼을 들기 시작했다. 이듬해(393)에 교회의 통제 아래 놓인 로마 원로원은 유피테르에게 유죄를 선고하는 한편 입법을 통해 올림픽을 전면 금지했다. 당시 올림픽은 그리스인이 신들의 왕인 제우스에게 제물을 바치는 행사였기 때문이다.

이후 제국 내에 그 많았던 도서관이 하나둘 문을 닫았고 '이교異教의 세상'에 해당되는 장서들이 끊임없이 유실되거나 불태워졌다. 고대 그리스와 고대 로마 문명의 성과는 아랍인들이(이들은 이슬람교를 신봉하

5 테오도시우스 1세가 참회한 해는 타임라이프출판사의 『세계사』 참고. 기독교가 국교가 된 해는 『중국대백과전서中國大百科全書』 종교편 『종교대사연표宗教大事年表』 참고.

지만) 암흑에서 벗어난 400~500년 뒤까지 푸대접을 받았다.

따라서 서양 역사학계에서는 기원후 393년을 '그리스와 로마 문명이 정식으로 종결된 해'라고 부른다.

80여 년 뒤에 서로마 제국도 멸망했다.

사실 제국은 일찌감치 멸망하는 게 맞았다. 비잔티움으로 천도한 콘스탄티누스 1세가 「밀라노 칙령」을 발표한 날부터 이미 운명으로 정해진 사실이다.

표면상 「밀라노 칙령」은 신앙의 자유라는 원칙을 견지하고 재천명하여 기독교가 다른 종교와 마찬가지로 합법적 지위를 가진다는 사실을 인정해준 것에 지나지 않는다. 그러나 콘스탄티누스 1세의 성향을 보면 기독교의 독보적인 위상을 확립하려는 의도가 분명히 드러난다. 이를 위해 콘스탄티누스 1세는 국고를 아낌없이 열어 하나님을 위해 대규모 토목공사를 진행했고, 그의 새로운 수도에는 로마 신전은 없이 기독교 성당만 존재했다.

그것은 다신교의 수도가 아니라 유일신교의 수도였다.

기독교에 대한 편애가 뚜렷했지만 그 동기는 상당히 의심스럽다. 당시의 기독교인은 총인구의 5퍼센트에 불과했는데 콘스탄티누스 1세는 뭐하러 자신을 로마인의 황제에서 기독교도의 황제로 바꿨을까?

아마도 권한 위임의 주체를 바꾸는 데 목적이 있었던 것 같다.

앞서 말했듯이 공화국 시절이든 제국 시절이든 로마의 권력은 늘 **164**

원로원과 로마 시민에게 속했고 집정관과 황제는 대리인에 불과했다. 정권은 타인이 주는 것이므로 타인에게 뺏길 수도 있었다. 로마 황제가 빈번하게 교체되고 그중 여럿이 비명횡사한 논리가 여기에 있다.

그래서 일인 독재를 하면서 오랫동안 평안을 유지하려면 권한 위임의 주체를 사람에서 신으로, 즉 '사람이 주는 황제권'에서 '신이 주는 황제권'으로 바꿔야 했다. 또한 다신교의 신도 불가능했다. 그러면 여러 황제가 나올 것이기 때문이다. 유대교도 불가능했다. 그들의 하나님은 유대인에게만 속한 반면 로마는 다민족 국가였기 때문이다.

기독교가 유일한 선택이었다.

그리스도 교회도 이런 황제를 매우 반길 것임은 의심의 여지가 없었다. 그들은 황제가 교회를 통해서만 신으로부터 권한을 위임받을 수 있는 것처럼 하나님의 뜻은 로마 황제를 통해서만 세상에서 이뤄진다는 사실을 잘 알았다.[6]

황제와 교회는 단번에 생각이 일치했다.

다만 이 거래는 콘스탄티누스 1세부터 논의하기 시작해 테오도시우스 1세 때 합의를 보기까지 80년이 걸렸다. 양쪽의 바람과 거래는 중국 한나라 때 유가만 숭상했던 모습, 즉 '나의 독존獨尊을 허락해주면 너의 독재를 허락해주겠다'는 것과 상당히 비슷했다.

그러나 결과는 달랐다. 유가는 정말로 제국에 충성을 다했지만 제국은 유가만 숭상하지 않고 유가와 법가를 병용했다. 반대로 테오도

165

---

6 상기 내용은 시오노 나나미의 『로마인 이야기』 참고.

시우스 1세는 정말로 기독교에 귀의했지만 기독교는 그의 독재를 허용하기는커녕 반대로 그에게 참회를 요구했다.

거래도 늘 공평한 것은 아니다.

공급과 수요의 관계에 그 원인이 있다. 로마 황제는 직접 하나님과 대화할 수 없었다는 점에 주목해야 한다. 당시의 계율에 따르면 신의 뜻은 주교를 통해서만 전달할 수 있었다. 황제는 주교를 회유하면 하나님께 가까이 갈 수 있을 것이라 생각했지, 반대로 자신이 군주에서 노비로 전락할 줄 어찌 알았겠는가? 그야말로 본전도 못 건진 셈이었다.

유가는 달랐다. 우선 유가는 조직(교회)이 없었고 지도자(주교)도 없었으며 종사宗師는 딱히 구실을 하지 못했다. 둘째로 황제 자신이 바로 하늘의 총아인데 유가가 대신 권한을 줄 필요가 뭐가 있겠는가? 셋째, 유가에서는 군위신강君爲臣綱을 주장하는데 어찌 황제에게 함부로 무릎을 꿇게 할 수 있는가?

천명을 받드는 것과 군주의 권력을 신이 주는 것은 많이 다르다.

로마가 동과 서로 갈린 것도 놀랄 게 없다.

분열은 천도와 분할 통치로부터 시작되었다. 후자는 테오도시우스 1세 때문에, 전자는 콘스탄티누스 1세 때문이었다. 일언반구도 없이 진행된 일이기에 천도의 진짜 이유를 정확히 아는 사람은 아무도 없었다. 아마도 그는 새로운 로마를 만들려고 했고 그러려면 새로운 정치체제와 새로운 종교, 새로운 수도가 필요했던 것 같다.

로마는 더 이상 수도에 어울리지 않았다. 디오클레티아누스의 눈에는 진작부터 그랬다. 로마는 고루한 인습에 젖어 있었고 부패하고 타락했으며 고인 물처럼 무기력했다. 그러나 콘스탄티누스 1세 쪽은 그나마 이유가 있었을 것이다. 로마 도시는 전통문화의 메카였고 다신 숭배의 세력이 너무 강하고 완고했다.

다신교의 해는 서쪽으로 지고 유일신교의 해가 동쪽에서 떠오르고 있다. 어느 쪽을 선택하겠는가?

바보라도 결론을 낼 수 있는 문제다.

그런데 얻는 것이 있으면 잃는 것이 있고 장점이 있으면 단점도 있는 법이다. 그리스와 로마의 다신 숭배는 시의에는 맞지 않았을지언정 귀한 정신을 지녔었다.

바로 관용이다.

관용의 정신이 생긴 것은 이상한 일이 아니다. 다신은 곧 다원과 다양을 의미하기 때문이다. 너는 너의 신을 믿고 나는 나의 신을 믿으니, 모두들 각자의 경계가 분명하여 서로 침범하지 않고 화목하게 아무 탈 없이 지냈다.

그러므로 중국이나 로마처럼 다신 숭배를 하는 국가에도 전쟁은 있지만 종교 때문에 전쟁을 하지는 않으며, 불교를 탄압하거나 기독교를 박해하는 사건이 있었어도 정치적인 이유에서였지 신앙 때문은 아니었다.

유대교만 해도 자신들이야말로 하나님의 선민이라고 굳게 믿었기에 남에게 억지로 교리를 강요하지 않았다. 기독교만이 유아독존을 추구하고 세계를 정복하려 했다. 그 동기는 신성하고 선했을지는 모르지만.

기독교가 관용을 배우게 된 것은 르네상스 이후다.

관용은 로마 문명의 정수이며 공화와 법치에도 필적한다. 공화와 법치가 없으면 로마가 없었고, 관용과 개방이 없으면 로마 문명이 없었다. 따라서 기독교는 로마를 바꿀 수만 있었고 로마를 구할 수는 없었다. 기독교는 로마의 구세주가 아니라 로마의 무덤을 판 존재였다.

물론 기독교가 꼭 나쁜 것은 아니었다. 공권력을 동원해 기독교를 국교로 정한 것이 나빴다. 유학이 꼭 그른 것은 아니고 유일한 숭상의 대상으로 정한 것이 그른 일이었듯이 말이다. 그렇지만 중화 제국이 확실히 훗날의 로마보다는 훨씬 더 관용적이었다. 도가사상은 한 번도 이단이나 사설邪說이라는 취급을 받은 적이 없었고, 불교는 수차례 기복을 겪긴 했어도 입지를 확고히 굳혔다.

그렇기 때문에 로마 제국은 멸망하고 중화 제국은 존속했다.

서양인들은 훗날 이 이치를 깨달았다. 미국은 헌법 1차 개정안에서 연방의회는 입법을 통해 국교를 세우거나 신앙의 자유를 금지할 수 없다고 명확히 규정했다. 당시 많은 미국인이 기독교 신자였음에도 불구하고.

신앙의 자유는 신앙보다 훨씬 더 중요하다.

반드시 신앙이 있어야 한다면 그냥 '자유'를 믿자!

이넘

'백가를 폐지하고 유가만 숭상하자'는 의견을 제시한 동중서는 유생이라기보다는 무당에 가까웠다. 그가 살던 시대에 유학은 무속화되었고 무속은 정치화되었으며 신학의 색채를 띤 삼강오상三綱五常이 중화 제국의 핵심 가치관이 되었다.

삼강오상

한나라 장제章帝 건초建初 4년(기원후 79), 즉 예수가 십자가에 못 박혀 죽
은 지 반세기가 지난 뒤에 중국인들은 중요한 회의를 열었다. 회의가
백호관白虎觀에서 열렸다고 해서 역사에서는 '백호관 회의'라고 부른다.

이때는 콘스탄티누스 1세가 비잔티움으로 천도한 것처럼 한나라의
수도도 더 이상 장안이 아닌 낙양洛陽이었다. 왕망의 난을 겪은 왕조
는 서주가 동주로 바뀐 것처럼 전한에서 후한으로 바뀌었다.

백호관은 황제가 머무는 궁 안에 있었다.

낙양은 좋은 곳이었다. 주나라 사람들이 보기에는 낙양이야말로
진정한 의미의 '중국中國(천하의 중심)'이었다. 그래서 주공周公은 옛 수도
인 종주宗周 외에 성주成周 낙양을 세웠다. 이제 제국이 이곳에 도읍을
정했으니 오래도록 태평하고 평안할 수 있어야 했다.

173 문제는 그 목표를 어떻게 실현하느냐 하는 것이었다.

사상이 있어야 했다.

통일한 제국에 통일된 사상이 필요한 것은 확실하다. 그런 사상이 있어야 공통의 가치 체계와 행위 준칙이 생기고 제국도 광활한 지역 범위 내에서 통치를 유지할 수 있다. 이를 위해 진시황은 분서갱유를 감행했고 한 무제는 유가만 숭상했다.

그러나 로마의 기독교가 내부적으로 논쟁이 그치지 않았던 것처럼 한나라의 유가도 금문今文과 고문古文 두 파로 나뉘었다. 유생들은 황제가 나서서 결단해 독재적으로 정론定論을 정해주길 원했다. 로마 교회가 그리스도와 하나님의 관계 문제를 토론하기 위해 콘스탄티누스에게 나서서 니케아 공의회를 열어달라고 청한 것과 비슷하다.

로마와 중국은 같은 강호였다.

황제도 강호의 보스였다.

그렇게 해서 백호관 회의가 열렸지만 회의의 결론은 우리와 별로 관계가 없다. 관계있는 것은 회의록인 『백호통白虎通』에서 삼강三綱이라는 중요한 개념을 명시했다는 점이다. 이 개념은 훗날 동중서가 제기한 오상五常과 합쳐져 중화 제국 사상 통치의 토대인 삼강오상이 되었다.[1]

이것이야말로 대사건이었다.

이 일의 중대한 의미를 이해하려면 다시 로마를 살펴봐야 한다.

로마의 멸망은 납득이 가질 않는다. 그들에겐 당시에 가장 나쁘지

---

[1] 삼강 사상은 사실 법가에서 비롯되었다. 최초로 등장한 것은 『한비자韓非子』 「충효忠孝」 편이다. "신하는 임금을 섬기고 자식은 부모를 섬기며 처는 지아비를 섬긴다. 이 세 가지를 따르면 천하가 다스려지고 이 세 가지를 거스르면 천하가 혼란에 빠진다. 이것이 천하의 항상 지켜야 할 도리다臣事君, 子事父, 妻事夫, 三者順則天下治, 三者逆則天下亂, 此天下之常道也." 훗날 동중서는 『춘추번로春秋繁露』에서 '군신, 부자, 부부의 도리君臣父子夫婦之義'를 "왕도의 삼강은 하늘에서 구한다王道之三綱 可求於天"라고 했으며 「거현량대책 1擧賢良對策一」에서는 인仁, 의義, 예禮, 지智, 신信의 오상 개념을 제기했다. 후한의 『백호통』에서는 더 나아가 삼강의 내용, 즉 군위신강君爲臣綱, 부위자강父爲子綱, 부위부강夫爲婦綱을 명확히 하고 삼강육기三綱六紀라고 표현했다. 송나라 주희 때부터 삼강오상을 인용하기 시작했다.

않은 정치체제인 공화제가 있었고 가장 나쁘지 않은 제도인 법치가
있었으며 가장 귀중한 정신인 관용이 있었다. 이 세 가지가 있으면 든
든히 서기에 충분한데 왜 멸망했을까? 왜 그들은 위기의식을 느꼈을
때 기독교에 의지했을까?

바꿔 말하면 로마 문명은 무엇이 부족했는가?

핵심 가치관이다.

그러면 관용은 핵심 가치관이 아닌가?

아니다. 가치는 추구해야 하는 것이고 추구할 수 있어야 하는 것인
데 관용은 추구와 무관하다. 당신이 관용을 베풀면 베푸는 것이고
관용을 베풀지 않으면 그만이다. 관용은 사실 일종의 태도이며 정신
이고 경지이지, 가치가 아니며 추구할 만한 것도 아니다.

자유는 어떤가? 자유는 가치가 아닌가?

물론 가치인 것은 맞다.

안타깝게도 로마인들은 자유를 추구하고 자유를 숭상했지만 그것
을 깃발에 써넣지는 않았다. 그들의 깃발에는 매가 있었고 콘스탄티누
스 1세 이후에는 십자가로 바뀌었다. 그것들은 자유의 상징이 아니다.

법치와 공화도 가치라기보다는 특정 가치를 실현하는 방식과 수단
이다. 로마인들이 이 두 방식 이면의 가치를 인식하지 못한 것 같다는
게 문제였다. 대부분의 로마인은 실용적이고 공리주의적인 태도로 법
175 치와 공화를 순수하게 기술적인 수단으로 취급했다.

다시 말해 로마인들은 당시로서 가장 나쁘지 않은 제도를 가지고 있으면서 제도를 뒷받침할 핵심 가치관은 없었다. 이런 상태로는 잠깐은 성공할 수 있어도 평생 성공할 수는 없다. 그들이 이 점을 인식할 때쯤에는 기독교밖에 선택의 여지가 없었다.

물론 기독교도 좋다. 신앙이 있다면 신앙 이면에는 핵심 가치관이 존재하기 때문이다. 즉 신앙도 수단이나 매개체일 뿐, 관건은 핵심 가치다. 핵심 가치는 하나님 또는 알라의 이름으로, 신탁이라는 방식을 통해 언급되어야 할 정도로 중요하고 필수 불가결하다.

이것이 바로 신앙의 비밀이다.

혹은 신앙의 목적은 궁극의 질문과 궁극의 사랑이라고 하겠다. 신앙의 현실적인 의미는 핵심 가치관을 담는 것이다. 이것이 세계 대다수의 민족이 신앙이나 유사 신앙을 가지고 있는 이유다. 다만 공권력을 통해 권위 있는 초기 기독교를 확립한 것은 로마의 국정에 완벽히 부합하지는 않았다.

그 결과 로마는 죽었지만 기독교는 로마의 몸에서 쑥쑥 자랐다.

그러면 중화 제국은 어떠한가?

중화 제국도 신앙은 없었지만 왕조나 정권이 바뀌며 혼란한 국면이 반복되긴 했어도 장기간의 분열이나 제도적인 붕괴는 일어나지 않았다. 그 이유는 무엇일까?

신앙은 없어도 이념이 있었기 때문이다.

바로 삼강오상이다.

삼강이란 군위신강君爲臣綱(신하는 임금을 섬기는 것이 근본), 부위자강父爲子綱(아들은 아버지를 섬기는 것이 근본), 부위부강夫爲婦綱(아내는 지아비를 섬기는 것이 근본)이며 오상은 인, 의, 예, 지, 신으로 합쳐서 '강상綱常'이라 하고 강상윤리라고도 한다. 또한 송나라의 주희가 삼강과 오상을 인용하기 시작하여 조정 안팎의 배운 자든 못 배운 자든 모두 익히 들어서 친숙했고 모범으로 받들었으며 왕조와 사회를 안정적으로 단합시켰다.

사실 강과 상은 별개의 개념이다.

강이란 무엇인가? 강은 그물의 위쪽 코를 꿰어 오므렸다 폈다 하는 벼릿줄이다. 벼릿줄을 올리면 그물이 펴지므로 '사물의 핵심을 파악하면 그 밖의 것은 저절로 해결된다'는 의미로서 강거목장綱擧目張이라는 말을 쓴다. 군신, 부자, 부부의 관계를 삼강이라고 하면 오상은 바로 목目이며 덕목德目이라고도 한다.

다시 말해 삼강은 전체를 아우르는 것이고 오상은 적용하는 것이다.

적용은 아주 중요하다. 적용할 수 없는 이념은 추진할 수가 없다. 그런데 오상은 아무 곳에나 적용할 수 있다. 인의 경우, 군신이란 군인신충君仁臣忠(군주는 인자하고 신하는 충성한다), 부자는 부자자효父慈子孝(부모는 자녀에게 자애롭고 자녀는 부모에게 효성을 다한다), 부부는 부화부유夫和婦柔(남편은 온화하고 부인은 유순하다), 형제는 형우제공兄友弟恭(형은 아우를 사랑하고 동생은 형을 공경한다), 친구는 여인위선與人爲善(남과 더불어 선을 행한다) 등과 같이 온갖 곳에 유용하다.

의, 예, 지, 신도 마찬가지다.

중국 전통사회에서 군신, 부자, 부부, 형제, 친구는 가장 중요한 5대 인간관계였고 유가에서는 이를 오륜五倫이라고 한다. 오상은 오륜에 보편적으로 적용할 수 있으므로 당연히 윤상倫常(일상생활에서 지켜야 하는 인륜상의 도리)이다.

윤상은 참 흥미로운 개념이다.

'윤'은 무엇인가? 윤은 질서와 등급이다(이중톈 중국사 3권 『창시자』 참고). 그래서 인륜은 인류사회의 질서와 등급이고 윤리는 등급을 구분하고 질서를 규범 짓는 규정이며 윤상은 윤리와 도덕을 집행하고 다룰 수 있는 지침이 되는 사상과 행위 준칙이다.

여기에는 세 가지 조건이 있다. 첫째, 간단하고 소박해야 한다. 그렇지 않으면 다룰 수가 없다. 둘째, 항구 불변해야 한다. 그렇지 않으면 무엇을 따라야 할지를 알 수 없다. 셋째, 올바르거나 올바른 것이라고 말해져야 한다. 그렇지 않으면 윤리나 도덕을 규범지을 자격이 없는 자다.

오상은 이 세 조건에 딱 맞다.

'상'에는 영구하다는 뜻이 있고(항상) 보통이라는 뜻도 있다(일반적이다). 영구하면 올바르고 항구적이며, 일반적이면 간단하고 소박하다. **178**

당연히 적용할 수 있고 윤상이라고 부를 수도 있다.

그러면 오상은 왜 이런 성질을 가지고 있는 것일까?

유가에서는 오상이 인성에서 비롯되었기 때문이라고 한다.

사실 동중서의 오상은 맹자의 사단四端에서 나왔다. '단'이란 도덕 관념의 발원지다. 맹자는 그것이 사람 마음속에 있다고 여겼다. '인'은 측은지심惻隱之心이고 '의'는 수오지심羞惡之心이며 '예'는 공경지심恭敬之心이고 '지'는 시비지심是非之心이기 때문이다. 그런데 이런 마음은 '누구나 가지고 있기에' 공통된 인성이다. 이렇게 연역된 인, 의, 예, 지가 바로 공통 가치다.[2]

인, 의, 예, 지가 가치인가?

그렇다. 추구할 수 있고 추구할 가치도 있기 때문이다. 인을 추구하는 것을 성인成仁이라 하고 의를 추구하는 것을 취의取義라고 한다. 또한 이것들은 최고의 가치이며 그것을 위해 목숨을 바칠 수도 있다. 살신성인, 사생취의捨生取義가 그 예다.

그러면 삼강은 어떠한가? 역시 공통된 인성에서 나왔는가?

미안하지만 군위신강, 부위자강, 부위부강은 인성적이라는 근거가 눈곱만큼도 없다. 그러나 제국의 입장에서는 삼강이 오상보다 중요했다. 삼강을 확립해야 제국의 통치가 반석처럼 견고할 수 있었다.

이 사명이 동중서에게 떨어졌다. '백가를 폐지하고 유가만 숭상하자'는 건의를 한 사람이 동중서이기 때문이다. 만족스런 답을 내놓지

---

2 『맹자』 「고자告子 상」 참고.

못하면 황제에게, 유가에, 세상 사람들에게 무슨 면목이 있겠는가?

동중서는 어떻게 해야 했을까?

천인합일

인성에서 찾을 수 없는 것은 하늘에 구할 수밖에 없다.

　동중서는 한 무제가 즉위한 이듬해에야 어린 천자에게 답을 제출했다. 그런데 군주와 신하는 마치 편지를 주고받는 듯했다. 한 무제가 조서를 내려 나라를 다스리는 도에 대해 물었고 동중서는 상서를 올려 대책을 제시했다. 한 무제가 세 번 묻고 동중서가 세 번 대답했는데 서두에 하늘과 사람의 관계를 논해서 역사에서는 '천인삼책天人三策'이라고 한다.[3]

　오상이 바로 여기에서 제기됐다.

　삼강 개념은 『춘추번로春秋繁露』라는 책에 나온다. 이 책은 동중서의 대표작이다. 동중서는 이 대작을 집필하기 위해 서재의 창문에 휘장을 쳐놓고 3년 동안 마당 쪽으로는 눈길 한번 주지 않았다고 한다.

181　　그러면 동중서는 삼강오상을 어떻게 증명했는가?

3　동중서의 사적은 『한서』 「동중서전董仲舒傳」 참고.

천인합일天人合一이다.

많이 들어서 익숙하지만 사실 설명이 필요한 말이다.

'천'이라는 한자는 영어로 헤븐heaven(창공) 또는 네이처nature(자연)라고 번역한다. 사실상 동중서가 말한 '천'은 두 가지 뜻을 모두 포함했다. 따라서 네이처에 헤븐을 합쳐야 한다.

왜 그런가?

세 가지 특징이 있기 때문이다.

우선 하늘은 궁극적인 창조자이며 최고의 주재자다. 세상의 모든 사물을 창조했고 사람의 운명도 결정한다. 예를 들어 누가 천자가 되고 나라를 다스릴 것인지, 왕조를 교체할 것인지 말 것인지 등이다. 통치권을 부여하는 것을 천명天命이라 하고 왕조를 교체하는 것을 혁명革命이라 한다. 모든 왕조는 천명을 받드는 것에 불과하다.[4]

만물을 탄생시키고 기르며 주인 노릇을 하는 것이 하늘이다.

하지만 하늘은 하나님이나 알라처럼 형상이 없는 신은 아니다. 심지어 하늘은 자연계이고 물질, 에너지, 정보에서 일정한 규율과 규칙의 구조에 따라 형성된다. 물질에는 금金, 목木, 수水, 화火, 토土가 있고 규율은 음양오행이다. 따라서 하늘은 신앙의 대상이 아니라 반대로 연구하고 고민할 수 있는 대상이다.

음양오행은 무엇인가?

음양은 주로 『주역周易』의 개념이다. 이 관점에 따르면 세계나 우주의

---

4 동중서는 「천인삼책」에서 "천자는 모든 사물의 시조다天者 群物之祖也"라고 했다.

구성, 운동과 변화의 전체 규칙은 바로 음양의 관계다. 사물과 사건은 모두 음과 양의 양면이 있다. 서로 반대되면서도 어울리고 대립되면서도 통일성이 있다. 음만 있어서는 생장할 수 없고 양만 있어서는 성장할 수 없다. 또한 음은 양으로 변하고 양은 음으로 변할 수 있다.

이처럼 이것은 철학이지 신앙이 아니다. 고대 그리스의 피타고라스가 세상의 본질을 '수와 수의 조화'라고 정리한 것과 흡사하다.

오행도 마찬가지다. 오행은 우선 다섯 가지 물질 또는 자연 현상인 동시에 두 가지 관계, 즉 상생相生과 상극相克이다. 상생은 금생수金生水, 수생목水生木, 목생화木生火, 화생토火生土, 토생금土生金이고 상극은 금극목金克木, 목극토木克土, 토극수土克水, 수극화水克火, 화극금火克金이다. 이것은 규칙이 아닌가?[5]

물질이 있고 규칙이 있으면 인식할 수 있으니 자연계가 아닌가?

그러나 이 자연계는 의지와 감정이 있다. 봄에는 기쁘고喜, 여름에는 즐겁고樂, 가을에는 노여워하며怒, 겨울에는 슬퍼한다哀. 천명과 혁명은 하늘의 의지를 드러내는 것이다. 천도행건天道行健(하늘의 도를 행하면 건실해진다), 후덕재물厚德載物(덕을 두텁게 하여 만물을 담는다) 등 하늘은 도덕도 있다.[6]

자연계도 되고 정이 있는 사람이며 주재자이기도 한 것, 이것이 하늘의 3대 특징이다. 또한 당시 중국인들의 공감대이기도 했다.

183 이런 존재는 서양인은 물론이고 현대 중국인들도 이해하기 어려울

5 『춘추번로』「오행지의五行之義」 참고.
6 『춘추번로』「위인자천爲人者天」 참고.

것이다. 명백히 창세주인데 창세신은 아니고, 분명히 자연계인데 희로 애락이 있다. 이것을 뭐라고 하겠는가?

그냥 하늘에 계신 분이라고 할 수밖에 없다.

그렇다. 마음씨 좋고 화를 잘 내는 어르신인데 옥황상제나 관음보 살처럼 인격이 있는 신은 절대 아니다. 하나님이나 알라처럼 형상은 없을지 몰라도 의지가 강인하고 감정이 풍부하다.

이런 하늘은 사실 사람이다.

그래서 동중서는 '하늘과 사람은 하나다天人一也'라고 했다.[7]

동중서가 보기에 사람과 하늘은 같은 구조였다. 이를테면 하늘 에는 366일이 있고 사람에겐 366개의 작은 절기가 있다. 하늘에는 12월이 있고 사람에겐 12개의 큰 절기가 있다. 하늘에는 오행이 있고 사람에게는 오장五臟이 있다. 하늘에는 사시四時가 있고 사람에겐 사 지四肢가 있다. 하늘에는 명암과 주야가 있고 사람은 눈을 뜨고 눈을 감는다. 하늘에는 춘하추동이 있고 사람에겐 희로애락이 있다. 하늘 에는 음양과 강유剛柔가 있고 사람에겐 군신과 남녀가 있다. 구조가 같지 않은가?[8]

구조가 같으면 감응한다. 이로써 사회가 조화로우면 때 맞춰서 비 가 오고 바람이 불며, 백성의 원망이 치솟으면 하늘이 무너지고 땅이 갈라진다. 하늘과 사람은 구조만 같은 것이 아니라 서로 통하기 때문 이다. 생명이 통하고 도덕이 통하며 감성도 통한다.

184

---

7 『춘추번로』「음양의陰陽義」 참고.
8 『춘추번로』「인부천수人副天數」와 그 외 부분 참고.

하늘과 사람이 구조가 같고 감응하며 서로 통하는 것, 이것이 바로 정통, 오리지널, 완벽한 버전의 '천인합일'이다.

문제는 이런 구실이 무슨 의미가 있느냐는 것이다.

하늘의 도로 사람의 도를 전하는 것이다.

우선은 통치자에게 들려주는 말이다. 동중서가 한 무제에게 말했다. "신이 『춘추』를 읽고 가장 전율을 느꼈던 부분은 군주와 왕에게 도가 없으면 하늘이 재해로 질책하고, 그다음 괴이한 현상으로 경고를 합니다. 만일 너무 완고하고 융통성이 없으며 여러 번 가르쳐도 고치지 않으면 혁명을 일으켜서 징벌하지요."[9]

한 무제는 여기까지 읽고서 두려움에 떨었다.

동중서의 말이 다행스러웠다. "군주와 왕에게 도가 있으면 길조(봉황이나 기린麒麟)가 나타나 현재의 성왕이 요순과 같은 성인임을 증명합니다."

한 무제는 그제야 안도했다.

동중서는 하늘을 빌려 황권을 제약하려는 의도로 매우 고심해서 한 말이었을 것이다. 그렇다. 천자의 통치권은 천명에서 비롯되는 것인 만큼 하늘을 노하게 하고 사람들에게 원망을 사면 안 될 것이며, 이로써 지식인들도 발언할 권리와 자유가 생긴다.

이것이 후대에 찬양을 받은 대목이다.

안타깝게도 동중서는 그가 하늘을 내세워 황제에 대처했듯이 황제

9 동중서의 「천인삼책」 참고.

도 똑같은 방법으로 백성에게 대처할 수 있으리라는 생각은 못 했다. 예를 들어 잘못한 것은 없는데 눈에 거슬리는 대신을 자르려면 '하늘이 그를 싫어한다'는 명목을 내세울 수 있었다.

중국의 황제는 테오도시우스 1세가 아니었다.

게다가 황제를 하늘의 뜻에 복종시키려면 그가 천자임을 인정하고 하늘에 계신 분의 명의로 황제에게 지위와 절대 권력을 주어야 했다.

이러한 시대적 요구에 따라 삼강이라는 말이 등장했다.

삼강을 군위신강, 부위자강, 부위부강으로 이해한 것은 백호관 회의 이후의 일이고, 동중서가 말한 것은 세 가지 관계뿐이었다는 사실을 설명할 필요가 있다. 이 세 관계가 가장 중요해서 '강'이 되었을 뿐이다.

그러면 왜 사강이나 오강이 아니고 삼강인가?

자연으로 사회를 설명해야 했기 때문이다. 한나라 유학자들은 세상에서 하늘, 땅, 사람 이 세 가지가 가장 중요하다고 생각하여 삼재三才라고 불렀다. 삼재에 대응하는 것은 당연히 삼강이다. 바꿔 말하면 군신은 하늘의 도, 부자는 땅의 도, 부부는 사람의 도다.

이것을 '천인합일'이라고 한다.

하늘의 도에는 삼재가 있고 사람의 도에는 삼강이 있다. 하늘의 도에는 오행이 있고 사람의 도에는 오상이 있다. 오상은 개인의 품성이고 삼강은 사회 윤리다. 후자가 전자보다 높기 때문에 강은 삼, 상은 **186**

오다. 삼황오제三皇五帝, 삼왕오패三王五霸와 같은 논리다.[10]

중국인들은 늘 삼삼오오로 묶어서 얘기하기를 좋아한다.

남은 작업은 해석이다.

삼강을 해석하는 것은 음양이다. 군주는 양, 신하는 음이고 아버지는 양, 아들은 음이며 지아비는 양, 아내는 음이다. 양은 음을 주재하고 지배하며 음은 양을 떠나서는 존재할 수 없다.

그런 까닭에 신하는 군주에게 복종하고 아들은 아버지에게 복종하며 아내는 지아비에게 복종한다. 이것이 '왕도의 삼강'이고 '하늘에서 구할 수 있다'는 개념이다.[11]

오상은 오행으로 해석한다. 인은 동쪽의 나무, 의는 서쪽의 황금, 예는 남쪽의 불, 지는 북쪽의 물, 신은 중간의 흙이다. 다만 이 해석은 『백호통』의 것이지 동중서의 것이 아니다.[12]

이렇게 해서 삼강오상은 일종의 '하늘에서 계시한 도덕'이 되었다. 하늘에서 내려온 계시이기에 계시의 종교와 유사한 성격을 지니기도 했다. 유학은 신학과 비슷하고 유생은 신부에 해당되며 공자는 교주와 유사하다. 유가 사상과 예악 교화가 '유교'라고 불리는 것도 일리가 없지는 않다.[13]

보아하니 한 무제 시대의 두 대가는 모두 더 이상 순수하지 않은 듯하다. 공손홍은 당연히 관료사회에서 잔뼈가 굵은 능구렁이였고 동수는 무당이나 도사에 더 가까웠다. 또한 그가 창시한 금문경학파

187

---

10 삼강은 사회 윤리이고 오상은 개인의 품성이라는 것은 펑유란馮友蘭의 표현이다. 펑유란의 『중국철학간사中國哲學簡史』 참고.

11 『춘추번로』 「기의基義」 참고.

12 『백호통』 권8 참고.

13 하늘에서 계시한 도덕은 웨이정퉁韋政通의 표현을 채택한 것이다. 웨이정퉁의 『중국사상사中國思想史』 참고. 유학은 신학과 비슷하고 유생은 신부에 해당되며 공자는 교주와 유사하다는 말은 텐창우·안쭤장의 『진한사秦漢史』를 참고했다.

는 유가를 무속으로 바꿨다.

또 한 편의 드라마가 펼쳐졌다.

무속의 정치화

기원후 56년, 즉 로마의 네로 황제가 즉위한 지 2년 뒤에 후한의 개국 군주인 광무제光武帝 유수劉秀는 태산 봉선제를 거행하고 명당明堂, 영대靈臺, 벽옹辟雍을 축조하며 천하에 도참圖讖을 선포하는 등 여러 가지 일을 했다.

이듬해에 광무제는 향년 62세의 나이로 사망했다.

즉 그것은 광무제의 마지막 활동이었다.

명당은 정치와 교화를 분명하게 밝히는 곳이었고 영대는 밤에 천문 현상을 관찰하는 건축물이었으며 벽옹은 천자가 설치한 대학이었다. 명당을 세우고 영대를 축조하고 벽옹을 지은 것은 당연히 무공에서 문치로 전향해 천하의 백성과 태평을 누리기 위함이었다.

그러면 도참은 무엇에 쓰는 물건인가?

'참'이란 수수께끼식의 예언이며 유래가 오래된 것이다. 진나라 때는 '진나라를 망하게 할 자는 호씨다亡秦者胡也'라는 참언이 있어 진시황이 대대로 흉노를 토벌했는데 뜻밖에도 '망진자의 호'는 호인胡人이 아니고 호해胡亥였다고 한다.

신빙성이 있는 말인지 아닌지는 모르겠다.

그러나 예수가 죽었다가 부활한 사실을 믿었듯이 민간에서는 이 말을 믿었다. 중국 민족은 종교가 없고 신앙도 없으며 다재다난했다. 자신의 운명을 주도할 수 없는 일반 대중은 안전을 보장받지 못했고 정신적으로 기댈 곳이 없었으며 영혼을 위로받을 곳이 없어서 참언, 팔자, 풍수를 믿을 수밖에 없었다.

훗날 통치자들도 믿기 시작했는데 왕망이 선두 주자다.

왕망은 왜 믿었을까? 그것을 통해 진짜 황제가 되었기 때문이다. 물론 왕망을 제위로 끌어올린 것은 참언 말고 흰 돌과 같은 부적(길조)도 있었다(이 책 3장 참고).

무엇보다 이론적인 근거도 없지 않았다. 『예기』「중용」에서는 "지성의 도는 미리 알 수 있다. 국가가 흥하려면 필히 길하고 상서로운 조짐이 있으며 국가가 망하려면 필히 불길한 재앙이 있다至誠之道 可以前知 國家將興 必有禎祥 國家將亡 必有妖孽"고 했다. 유가 경전에서도 인정하니 왕망은 당연히 믿을 수 있었다.

사실 공자는 신선과 요괴를 거론하지 않았지만 유가에서는 세상에는 하늘에서 준 신비한 물건이 있다고 믿었다. 유가에서는 복희 시대에 황하에서 용마龍馬가 나타났는데 등에 문양이 새겨져 있어 하도河圖라고 불렀다 하고, 낙수洛水에서 신기한 거북이 나타났는데 등껍질에 글이 새겨져 있었다고 하여 낙서洛書라 불렀다고 한다. 이것이 바로 '하출도 낙출서河出圖 洛出書다.'**14**

사실 이 일은 공자도 믿었다. 공자가 세상을 떠나기 2년 전에 기린 한 마리가 포획되어 죽었다. 공자가 말했다. "황하에서 그림이 나오지 않고 낙수에서 글자가 나오지 않으니 나는 아무런 희망이 없고 내 주장도 끝이 났구나!"**15**

이것이 도참圖讖의 유래다.

도참이란 하도, 낙서에 참언을 더한 것이다.

위緯라는 것도 있다.

'위'는 곧 위서緯書다. 위서는 경서經書에 상대되는 말이다. 유가만 숭상하기 시작한 이후 유가의 저작은 경전으로 받들어 '경'이라고 불렀다. 다른 제자백가 학파들의 저작은 자子라고 불렀다. 역사학 저작은 사史, 문학 저작은 집集이라고 하여 합쳐서 경사자집이라고 부른다.

경은 원래 직물의 날실이고 씨실은 위라고 한다. 따라서 이론상 경이 있으면 위도 있어야 한다. 『시詩』『서書』『예禮』『역易』『춘추春秋』는 모두 경으로 정해졌는데, 위는 어디에 있는가?

한 무더기를 위조할 수밖에 없었다.

그래서 한나라 때 유학자들은 공자가 육경과 구색을 맞추기 위해

---

14 『역경易經』「계사繫辭 상」참고.
15 『사기』「공자세가孔子世家」와 하휴何休의 주석 참고.

비밀리에 위서들을 집필해서 후대에 전했으므로 문물을 출토하듯이 이제 꺼내서 다 같이 공유할 수 있다는 황당한 소리를 했다. 이 위서들은 하나같이 이름이 해괴하다. 『건착도乾鑿度』『고령요考靈曜』『함신무含神霧』『감정부感精符』 등 얼핏 봐도 사람들을 현혹시키려는 의도가 느껴진다.[16]

이런 '위서僞書'들 중에는 당연히 참언이 적지 않았다. 그렇지 않았으면 위조할 필요도 없었다. 이것을 참위讖緯라고 한다.[17]

이 역시 이상할 것이 없다. 유수도 이 방식으로 황제가 되었기 때문이다. 유수가 군사를 일으켰을 당시에 누군가가 도참을 들고 왔는데 "유씨가 다시 일어나야 한다"고 되어 있었다. 황제가 되기 전에는 또 누군가가 "유수가 천명을 받들 것이다"라고 쓰인 도참을 가지고 왔다. 유수는 한동안 우물쭈물하다가 '하늘의 뜻에 순응하여' 후한의 광무 황제가 되었다.

이것은 엄연히 정치화된 샤머니즘이다.

따라서 광무제 유수는 도참을 천하에 공개했다. 첫째는 정권을 공고히 하고 제왕의 자리와 계통의 합법성 및 정당성을 강조하기 위함이었다. 아울러 새로운 통치 사상을 확립하려는 목적도 있었다.

참 이상하다. 한나라 왕조에는 이미 국가 이데올로기인 유가 사상이 있지 않는가? 왜 또 따로 사상을 세우고 이도저도 아닌, 정치화된 샤머니즘인 도참을 불러낸 것인가?

192

---

16 『예기정의禮記正義』에서 정현鄭玄의 말을 인용.
17 이 관점은 뤼쓰몐呂思勉의 『진한사』 참고.

콘스탄티누스의 선택을 참고할 수 있을 듯하다.

콘스탄티누스는 왜 기독교를 육성하고 기독교에 귀의했는가? 아마 기존의 다신교들은 더 이상 그와 그의 제국을 보호할 수 없었기 때문에 로마를 포기하고 로마의 신도 버렸을 것이다.

마찬가지로 유가 사상도 광무제를 만족시킬 수 없었다. 동중서의 개조를 거쳐서 제국의 입맛에 훨씬 가까워지긴 했지만 말이다. 그런데 앞서 말했듯이 동중서는 한 수를 남겨두었다. 동중서는 하늘의 뜻을 해석하는 권리를 유생들이 장악하게 하고 싶어서 제왕의 법통 외에 다시 도통道統이라는 개념을 제시했다.

광무제는 당연히 동의할 수 없었다. 그는 또 다른 테오도시우스가 되고 싶지는 않았다. 광무제는 로마에 관한 이야기를 몰랐지만 하늘의 하나님이 부여하는 권한은 남이 대신할 수 없으며 반드시 자신이 직접 쟁취해야 한다는 사실을 제왕의 본능이 그에게 알려주었다.

도참이 그 역할을 할 수 있었다.

이 역시 동중서에게 감사해야 할 일이다. 동중서가 창시한 금문경학은 원래부터 샤머니즘적인 색채가 있었다. 동중서 본인도 자연재해나 특이한 자연 현상을 추론하는 데 고수였고 『춘추번로』에는 제단에 올라 기도하는 법, 비가 내리거나 그치기를 비는 법도 담겨 있다. 왕망 시대의 위서들도 금문경학파에서 만든 것이며 광무제는 순풍에 돛 단 듯이 따라가기만 하면 되었다.

이 일을 위해 광무제는 전력을 다했다.

광무제가 도참을 진짜 믿었는지, 그저 이용만 한 것인지에 대해서이제는 확인할 길이 없다. 그러나 광무제가 그것이 짝퉁임을 알고 있었음은 확실하다. 따라서 광무제는 외부에 신경질에 가까울 정도로반응했다.

하루는 광무제가 한 대신과 제사에 관해 토론했다. 광무제가 말했다. "짐은 도참을 판단의 대책으로 삼으려고 하는데 어떻게 보십니까?"

대신이 대답했다. "신은 참언을 하지 않습니다."

광무제가 안색을 확 바꾸며 말했다. "참언을 하지 않는다 함은 참언에 반대하는 것이오?"

놀란 대신은 진땀을 쏟으며 즉시 해명했다. "신은 식견이 넓지 못하고 학문도 깊지 못하여 공부한 적이 없는 것들이 있사온데 어찌 감히반대하겠습니까?"

광무제는 그제야 정상 모드로 돌아왔다.[18]

그러나 올곧은 유생들은 여전히 대수롭게 여기지 않았다. 일례로광무제가 도참을 교정하라고 보낸 윤민尹敏은 항명하며 말했다. "참서는 성인이 집필한 것이 아니며 저속하기가 이를 데 없어 자제들에게해를 끼칠까 우려됩니다." 광무제는 그의 말을 받아들이지 않았다.그래서 윤민은 교정하면서 빈 공간에 '군무구, 위한보君無口 爲漢輔'라는여섯 글자를 적어넣었다.

18 『후한서』「정흥전鄭興傳」참고.

군무구君無口, 즉 군君에서 구口를 빼면 윤尹이 되기 때문에 이는 "윤씨는 한나라를 돕는다"라는 뜻이 된다. 이것은 참언의 전형적인 양식이다.

이를 보고 이상히 여긴 광무제는 윤민에게 왜 그렇게 했냐고 물었다.

윤민이 말했다. "다른 사람들은 이렇게 멋대로 날조하고 조작하여 이득을 취했고 부귀를 얻는 요행을 바랍니다. 정말 그렇게 되면 어쩌려고 이러십니까?"[19]

실은 속임수를 들추고 진상을 밝힌 것이었지만 유수는 윤민의 죄를 처벌하지는 않는 대신 다시는 그를 중용하지 않았다. 아마 도참이 자신을 속이고 남도 속이는 행위라는 것을 광무제도 잘 알았을 것이다. 진심으로 받아들이는 것은 광무제 본인도 할 수 없었던 듯하다.[20]

도참으로 나라를 다스리는 방침은 변함없이 강행됐다. 그런데 광무제가 생각하지 못한 부분이 있었다. 샤머니즘이 정치화되면 정치도 샤머니즘화되는데 샤머니즘화된 정치로는 나라를 다스릴 수도 없고 목숨을 구할 수도 없다는 사실이다.

실제로 동중서가 황권을 제약하기 위해 운운한 하늘의 뜻은 반대로 황제가 백성에 맞서는 데 응용했고, 유수가 정권을 확고히 하려고 채택한 도참도 반역을 일으킨 농민들이 왕조를 뒤엎는 데 사용됐다. 황의 군대가 그랬다. '창천蒼天은 이미 죽었으니 황천黃天이 서야 한다'는 것이 그들의 구호였다.

195

---

19 『후한서』「유림열전儒林列傳」참고.
20 뤼쓰몐은 『진한사』에서 "참문의 요망함을 중흥지주中興之主가 어찌 진짜 믿었겠는가?"라고 말했다.

이 역시 참언의 전형적인 양식이다.

이후 조비曹丕, 유비劉備, 손권孫權 모두 도참을 활용하여 자신이 왕과 황제에 오른 합법성을 증명했다. 그러나 기독교가 로마 제국의 구세주가 아니었듯이 도참도 한나라를 구할 수 없었다.

그러면 후한은 왜 멸망했을까?

후한의 멸망은 어떤 교훈과 아쉬움을 남겼나?

후한의 멸망

후한은 치료할 수 없을 정도로 심각한 부상을 입고 사망했다.

내상도 있고 외상도 있었다. 외상은 농민 봉기였고 내상은 통치 계급 내부에서 장기간 지속된 복잡다단한 싸움이었다.

그럼 내상을 먼저 살펴보자.

유방이 일개 평민 신분으로 제국을 세운 것과 달리 부유하고 권세가 있는 집안 출신인 유수는 남양南陽 지역의 큰 집안을 골간으로 하는 토호에 바탕을 두었다. 그리고 훗날 공신에게 분봉을 하면서 유가 학술을 제창했다. 함께 강산을 일군 토호들은 사례금을 받아야 했고 가천하家天下를 주장한 유학이 그 통치를 공고히 해줄 수 있었기 때문이다.

전한과는 조금 다른 모습이다.

전한은 호적 관리 제도를 실시했다. 모든 백성은 호적에 따라 책에 기재했기에 편호編戶라고 했다. 호적에 편입한 백성은 일률적으로 평등하므로 제민齊民이라고 했다. 이 제도는 제국을 통치하는 데 도움을 주었다. 황제와 대중의 거리감을 확보해주었기 때문이다.

그러나 전한 말기에 이르러 제민은 '고르지 않게' 되었고 제국의 신하는 양극화되기 시작했다. 대부분의 사람은 가난하거나 비천해 빈곤층이나 서민이 되었고 극소수는 부유하거나 고귀하여 호족이나 명문 귀족이 되었다. 사회 구조에 큰 변화가 일어났다.

바꿔 말해 전한 전기의 백성은 마르크스가 말했듯이 한 포대 안에 든 감자처럼 고만고만했고 황제도 당연히 천하에 군림하기가 어렵지 않았다. 그런데 이제는 일부 감자가 '빅맥'으로 변해서 황제와 서민들 사이에 끼였으니 어떻게 해야 할까?

황제의 인내심을 기대할 수밖에 없었다.

안타깝게도 후한은 국운이 좋지 않았다. 처음 세 명의 황제는 괜찮은 편이었다. 집정 능력도 있고 수명도 꽤 길었다. 광무제는 62세를 살았고 한 명제明帝는 48세, 한 장제章帝는 33세를 살았다. 이미 점점 짧아지기 시작했고 이후에 즉위한 황제들은 더 비참했다. 즉위한 나이가 어릴수록 산 시간도 짧았다.

화제和帝: 10세에 즉위 27세에 사망

상제殤帝: 100일에 즉위 2세에 사망

안제安帝: 13세에 즉위 32세에 사망

순제順帝: 11세에 즉위 30세에 사망

충제沖帝: 2세에 즉위 3세에 사망

질제質劑: 8세에 즉위 9세에 사망

환제桓帝: 15세에 즉위 36세에 사망

영제靈帝: 12세에 즉위 34세에 사망

장제 이후 여덟 황제에는 계산에 넣지 않은 소제少帝 유변劉辯(17세)
과 헌제獻帝 유협劉協(9세)도 포함된다. 즉위할 때 성인인 사람이 한 명
도 없었다. 가장 오래 산 환제와 영제는 무능하기로 유명한 어린 군주
였다.

그러면 누가 나라를 다스렸을까?

외척과 환관이다.

이들이 후한의 양대 세력 집단이었는데, 둘 사이에는 다툼이 멈춘
적이 없다. 이유는 간단하다. 황제가 어려서 태후가 섭정할 수밖에 없
었으니 외척이 독재정치를 펼친 것이다. 황제가 커서 권력을 되찾아오
려 할 때는 환관에게 의존해야 했다. 그 결과 나라가 멸망할 때까지
외척과 환관이 돌아가며 권력을 독차지했다.

다툼은 잔인하고 피가 흥건했다. 1차 다툼은 화제 때 일어났고 2차
는 안제가 죽은 뒤 발생했다. 두 번 다 외척이 패했고 그들의 형제와

패거리는 자살하거나 사형 선고를 받았다. 이건 양호한 축에 속했다. 환제 때 환관 연합이 외척인 양기梁冀를 없앴을 때는 온 집안이 재산을 몰수당하고 참형을 당했으며 피가 흘러 강을 이뤘다.

휴전 때도 나을 게 없었다. 조정은 외척과 환관이 틀어쥐었고 벼슬길은 이들이 나누어 가졌다. 대체로 중앙 관리는 외척의 패거리였고 지방 관리는 환관의 패거리였다. 후한의 정치는 외척과 환관 때문에 난장판이었다.

더 심각한 것은 황제까지 모살하려는 움직임이었다.

모살당한 황제는 질제였다. 질제는 죽을 당시에 겨우 아홉 살이었지만 신하답지 않은 양기의 불충한 모습을 눈치챘다. 어느 날 조정에서 집무를 보던 질제가 양기를 보며 말했다. "이자는 발호장군跋扈將軍(제멋대로 날뜀)이구나." 이에 양기는 그날 바로 질제에게 독이 든 과자를 보냈다.

질제는 긴급히 태위 이고李固를 입궁시켰다.

이고가 물었다. "폐하, 어인 일로 병이 드셨습니까?"

질제가 말했다. "과자를 먹고 배가 아팠는데 물을 먹었더니 아직 살아 있다."

옆에 있던 양기가 차갑게 말했다. "토하실 것이니 마시면 안 됩니다."

말이 끝나기 무섭게 질제가 숨을 거뒀다.

이고는 시체에 엎드려 통곡했다.

그래서 양기는 이고도 죽였다.[21]

도저히 봐줄 수가 없다. 군위신강은 제국의 근본인데 어찌 흔들 수 있는가? 나라는 모든 사람의 것인데 어찌 그들이 분할한단 말인가?

또 하나의 세력 집단이 벌떡 일어났다.

바로 사인士人이다.

사인 집단도 관료 집단이었다. 양한의 관료 그룹이 주로 사인으로 구성되었기 때문이다. 사인은 지식인이다. 이들은 대대로 학문을 업으로 삼고 농업을 겸했으므로 '경작과 독서를 기본으로 하고 시와 책을 집안 대대로 물려주었다耕讀爲本 詩書傳家.'

학문은 경제적인 수익이 없으므로 관료가 되는 것이 살길이었다. 한 집안에서 학문을 하여 관료가 되는 사람이 나오면 학문이 가풍이 되었고, 관료가 되는 사람이 점점 많아졌다. 대대로 고관이 많이 나오면 명문세가가 되었고, 특히 문하생이 동기와 친구들을 등용하면 만만치 않은 세력을 형성했다.

물론 이 역시 이익집단이었다.

다들 이익을 내세우긴 했어도 3대 집단의 양상이 조금씩 달랐다. 외척과 환관에겐 이익이 전부였지만 사인에겐 이념, 절조, 품격, 추구하는 바와 고상함이 있었다. 이것은 학문을 통해 길러진 것이고 광무제가 주창한 것이기도 했다.

201   광무제는 즉위하고 나서 각지에 도참을 널리 알리는 한편 절개 있

---

21 『후한서』 「양기전」 「이고전」 참고.

는 행동을 대대로 표창했다. 뛰어난 정치가였던 광무제는 도참 따위로는 평범한 서민들이나 우롱할 수 있다고, 나라의 기둥을 떠받칠 수 있는 것은 곧은 절개라는 사실을 잘 알았다. 따라서 광무제는 아주 똑똑한 일을 했다. 관직에 나서길 원하지 않는 사람은 개인의 선택을 존중해주는 것이었다.[22]

이 방침은 지대한 영향을 미쳤다. 지식인들이 가장 뿌리칠 수 없는 유혹이 바로 관직에 오르는 것이었기 때문이다. 고향에 은거해도 황제의 인정을 받을 수 있다면 관료사회에 진입한 사인도 세속에 물들지 않고 순수함을 유지할 수 있을 터였다.

핵심을 파악하니 다른 문제들은 저절로 해결됐다.

이리하여 후한의 사인들은 한동안 청정한 분위기를 유지했다. 사인은 도덕을 표방했고 나랏일을 소임으로 삼으면서 한목소리를 내며 의기투합했다. 한편 조정의 혼란한 국면에 대해서는 덕망이 높은 지식인들이 도성인 낙양을 진지로 삼아 3만 태학생의 지지를 업고 말과 글로 성토하며 낱낱이 비평하고 여론을 들끓게 했다.

날카로운 논쟁의 대상은 환관 집단이었다.

환관의 힘을 빌려 반대파를 뿌리 뽑은 한 환제는 진노했다. 로마의 사절단이 중국을 방문한 기원후 166년에 환제는 200여 명을 콕 찍어서 '당인黨人'이라는 죄명으로 체포해 종신 구금형을 선고했다. 역사에서는 '당고의 화黨錮之禍'라고 한다.

---

22 『후한서』「일민열전逸民列傳」 참고.

환제는 당고의 화가 피해자들에게 숭고한 영예를 가져다주리라는 점은 예상하지 못했다. 태학생과 지식계는 그들의 순위를 매겨 최고의 명예를 차지한 사람은 삼군三君(지도자)이라 불렸고, 그 외에 팔준八俊(출중함), 팔고八顧(본보기), 팔급八及(스승), 팔주八廚(자선가) 등이 있었다.

이들을 명사名士라고 통칭했으며 청류清流라고도 불렀다.

맑음과 혼탁함은 양립하지 않는 법이므로 충돌이 다시 시작됐다.

기원후 169년에 한 영제가 2차 당고의 화를 만들었다. 이번에는 공격의 범위가 더 컸다. 100여 명이 살해당하고 600~700명이 구금당했으며 태학생 1000여 명이 체포됐다. 제국의 엘리트 지식인이 거의 전멸했다.

인품의 수준과 민심의 흐름도 이때 드러났다.

팔준의 대표 격인 이응李膺은 지명수배령이 내렸을 때 마침 시골에 은거 중이었다. 마을 사람들이 도망치라고 권했으나 이응은 스스로 그물에 걸려드는 쪽을 택했다. 이응이 말했다. "일을 당했을 때 어려움을 피하지 않고 죄를 얻었을 때 형벌을 피하지 않는 것이 절개다." 결국 이응은 옥에서 숨을 거뒀다.

조정에서 파견되어 범방範滂을 체포하러 간 오도吳導는 현에 도착해 조서를 부둥켜안고 큰 소리를 내며 울었고 현령 곽읍郭揖도 인수印綬를 풀고 범방과 함께 도망갈 채비를 했다. 하지만 범방은 그들의 호의를 사절하고 비장하게 사지로 나아갔다. 당시 33세였다.[23]

23 『후한서』「당고열전黨錮列傳」 참고.

엘리트가 뭔가? 바로 이런 사람들이다.

엘리트 지식인은 국가와 민족의 소중한 재산이다. 이렇게 큰 타격을 입으면 왕조가 멸망할 날이 얼마 남지 않을 것이다. 안타깝게도 환제와 영제는 이 점을 인식하지 못했고 사형이 임박해서야 퍼뜩 깨달았을 것이다.

역시나 15년 뒤에 한 영제는 당인 대사면을 실시했다.

황건군黃巾軍이 쳐들어왔기 때문이다.

도교계시록

황건군은 기원후 184년에 봉기했다.

한 영제가 자신의 정보 시스템을 통해 사전에 소식을 확보했는지 여부는 불확실하지만 봉기한 자들은 이미 여론을 충분히 조성한 상태였다. 당시 민간에서 떠도는 말이 있었다. "창천은 이미 죽었으니 황천이 서리라. 갑자년이 되면 천하가 대길하리라蒼天已死 黃天當立 歲在甲子 天下大吉."[24]

이것은 암호였고 참언이었다.

갑자년의 약속은 봉기 시간이다. 실제로 그해가 마침 갑자년이기도 했다. 하지만 그 속에 신비스런 의미가 없다고 할 순 없었다. 갑자는 60년마다 한 번씩 돌아오는 주기의 시작이었기 때문이다. '갑자년이 되면'은 새로운 시대가 시작된다는 의미다.

물론 우연이었지만 사람들을 설레게 하기에 충분했다.

---

24 『후한서』「황보숭전皇甫嵩傳」 참고.

'창천은 이미 죽었으니 황천이 서리라'는 조금 난해하다. 오행의 상생상극에 따르면 토덕土德인 황천은 화덕火德인 적천赤天 다음이고 창천은 목덕木德이므로 한나라를 대표하지도 않는다. 한나라는 화덕이다.

아마 이 말은 '목(창천)은 이미 화(한 왕조)에 타서 재가 되었으니 이제 토의 차례이며, 토는 황천'이라는 뜻일 것이다.[25]

그래서인지 그들은 황색 두건을 썼다.

광무제가 강산을 빼앗는 데 사용한 수단을 황건군은 광무제의 왕조를 무너뜨리는 데 썼다. 감당할 수 없는 충격이었다. 하지만 황건군은 하늘에 있는 광무제의 영혼을 괴롭힐 마음은 없었다. 그들은 원래부터 도교 신자였기 때문이다.

도교의 기원은 분명하지 않으나 한 순제順帝 이전은 아니다. 당시에 궁숭宮崇이라는 사람이 『태평청령서太平靑領書』라는 도교 경전을 바쳤는데, 이 책은 그의 스승 우길于吉에게 얻은 것이다. 관련 부서에서는 이 책이 요사스럽고 황당무계하다고 판단해 궁에 숨기고 공개하지 않았다.

어떤 연유에서인지 모르지만 나중에 장로張魯도 이 책을 손에 넣었다.[26]

장로가 도교와 연관이 있긴 하다. 그의 조부인 장릉張陵이 도교에서 말하는 장천사張天師다. 장릉이 만든 교파를 천사도天師道라고 한다. 입교하거나 진료를 받으려면 5두의 쌀을 내야 했으므로 오두미도五斗

---

25 이 해석은 톈창우·안쭤장의 『진한사』 참고.
26 『후한서』 「양해전襄楷傳」 참고.

米道라고도 한다.

태평도太平道라는 교파도 있었다. 창시자는 황건 봉기의 지도자인 장각張角이다. 황건군이 패한 뒤에 태평도는 천사도에 융합되었고 천사도는 장각이 조조에게 투항하면서 서서히 발전하기 시작했다.[27]

천사도와 태평도에 관한 이야기는 기본적으로 사실이지만 우길이 도교 경전을 얻었다는 이야기는 적당히 듣고 넘겨야 한다. 그래도 이 기록은 우주의 이치를 담고 있다. 이 책의 주요 내용은 음양오행이며 무격巫覡의 잡다한 내용도 담고 있다.

무격에서 무는 여자 무당이고 격은 남자 무당이다.

즉 도교는 무속에서 나왔다.

이상할 것도 없는 게, 인도의 브라만교가 바로 무속에서 발전했다(무속에 관한 관점은 이중톈 중국사 2권 『국가』 참고). 하지만 도교는 후한 후기에 생겨 사람들에게 깊은 깨달음을 주었다.

그런데 왜 하필 이때였을까?

불교가 한 순제 이전인 한 명제明帝 시대에 이미 중국에 유입되었고 불교의 절이 낙양에 먼저 지어진 것이 직접적인 원인이다. 이때 중국인들은 불교에 대한 이해가 부족했고 일종의 방술方術로 취급하기도 했지만, 이 듣도 보도 못한 정신 문명은 그래도 사람들에게 신선함으로 다가왔다.

207   중화 민족은 잘 배운다. 종교는 좋은 것이니 스스로 하나를 만들

---

27 도교의 기원과 변천 과정은 판원란范文瀾의 『중국통사』, 거자오광葛兆光의 『중국사상사』 참고.

면 그만이지, 남의 것을 빌릴 필요가 없었다.

당시 유대교와 기독교는 아직 전해지기 전이었고 이슬람교는 탄생하지 않았기 때문에 중국인은 유일신교가 뭔지 몰랐다. 하지만 불교를 통해 종교에는 교리와 교주, 조직과 의식이 필요하고 이론 기초와 수행 방법, 숭배 대상과 최고의 지혜가 있어야 한다는 사실은 알고 있었다.

그러면 중국에 그런 것이 있었는가?

있었다. 음양오행이 이론 기초였고, 기공 연마와 단약 복용이 수행 방법이었다. 여러 천지신명이 숭배 대상이었고 노자의 도가 최고의 지혜였다. 노자를 교주로 모시고 술사를 도사라고 부르면 성공이었다.

도교는 물론 그렇게 단순하지는 않다. 도교가 탄생하고 발전하는데도 긴 과정이 있었다. 그런데 그것은 우리가 말하려는 바가 아니다. 우리가 더 관심 있는 것은 도교가 중국에서 필연적으로 생겨났어야했는가다. 도교가 큰 존재감을 발한 것이 시대적 요구에 따른 '운'이었다면 도교의 '운'은 무엇이었을까?

무속의 합법화와 정규화였다.

무속은 원시 문화이므로 문명 시대에 진입한 이후에는 모습을 바꿨다. 예를 들어 그리스에서는 과학으로, 인도에서는 종교로, 중국에서는 예악으로, 전 세계에서는 예술로 탈바꿈했다.

예악으로 변한 무속은 더 이상 무속이 아니었다. 정통 유가에서 **208**

는 무속을 논하지 않으며 불가사의한 힘이나 귀신에 관한 것을 좋아하지 않는다. 그렇기 때문에 훗날의 불교를 포함한 도참은 줄곧 정통 유가에 배척당했다. 유가에서는 왕도를 논하며 왕도는 농간을 부리거나 눈속임을 할 필요가 없고 방술과 무관하다.

안타깝게도 중국에서 무속은 두터운 기반을 보유했고 생장에 알맞은 기후와 토양이 있었으며 민간에서는 특히 더했다. 따라서 저층화, 주변화되면 말끔히 뿌리 뽑을 수 없는 상황이었다.

게다가 무속은 나름의 합리성도 있었다.

사실상 유럽의 중세기가 칠흑 같은 어둠만 있었던 것은 아니듯이 방술과 참위를 비롯한 무속도 장점이 없는 것은 아니었다. 한나라의 위서에는 천문학, 지리학, 수학, 철학 지식이 적지 않다. 무속과 밀접한 관계가 있는 중의학에는 인체학과 의약학에 관한 내용이 상당하다.[28]

양한(전한과 후한) 시대에는 사실 과학기술이 매우 발달했다. 장형張衡의 후풍의候風儀와 지동의地動儀, 양웅揚雄의 『태현경太玄經』(수학), 장기張機의 『상한론傷寒論』(의약학), 왕충王充의 『논형論衡』 중 일부는 중요한 과학 연구의 성과다.

요사스럽고 황당무계하다고 배척된 위서도 일식의 과학 원리(해의 침몰은 달에 가려지는 것)와 왜 지구가 운동을 하는데 사람들은 땅이 움직이지 않는다고 느끼는 것인지에 대한 발견이 담겨 있다. 큰 배에서 창문을 닫고 앉아 있으면 배가 가고 있는지를 느낄 수 없는 것과 같

---

28 이 내용은 이미 거자오광이 『중국사상사』에 언급했으므로 참고하길 바란다.

은 이치라고 설명한다.[29]

이상할 게 없다. 한나라는 어찌됐든 대제국이고 대문명이었던 만큼 지향하는 바의 폭이 넓었고 기세가 웅대했으며 원대한 비전을 지녔으므로 만 리를 종횡하고 천지를 품었다. 한나라 사람들도 자신감이 가득하여 본인들이 우주의 비밀을 풀 자격이 있다고 여기며 기존 문명을 정리하는 발언들을 쏟아냈다.

천인합일, 음양오행은 바로 원대한 목표의 산물이다. 바꿔 말하면 한나라 사람들은 자연과 사회, 역사와 현실의 관계를 분명히 밝히고자 했고 그러기 위해서 과학 모델이나 수학 모델을 구축했다.

안타깝지만 중화 문명은 과학적 기초가 매우 취약해 무속의 힘을 빌릴 수밖에 없었고 그래서 무속의 저층화와 주변화가 더 이상 진행될 수 없었다. 그런데 무속은 과학이 될 수 없다면 다른 것으로 변해야 했다. 그러면 한나라 시기에는 그 합법화와 정규화를 어떻게 실현했을까?

상층은 무속을 정치화하고 하층은 종교화했다.

정치화된 무속이 바로 도참, 위서다. 즉 무속의 정치화에는 유학의 무속화라는 전제가 따르며 유학이 무속화되어야 무속이 유학화, 합법화, 정규화될 수 있다. 그런데 양한의 유학은 정치를 위해 존재했다. 따라서 양한의 무속이 정치화되는 것도 필연적이었다.

그 결과는 어떠했나?

210

---

29 『춘추위春秋緯』「감정부感精符」, 『상서위尚書緯』「고령요考靈曜」 참고.

왕망, 유수처럼 정치를 무속화했다.

동시에 무속은 종교화되었고 종교화된 무속이 바로 도교다. 도교라는 종교는 불교에서 형식을 빌려왔다. 그 결과 불교가 도교화되었다. 후대에 일반 신도들의 마음속 불교는 사실 무속화되거나 도교화된 것이고 선종만 예외다.

이처럼 정치의 무속화, 불교의 도교화는 무속이 과학화되지 못한 결과다. 그래서 고민할 가치가 있는 문제다.

그러나 역사는 우리에게 고민하고 토론할 시간을 남겨주지 않았다. 동탁董卓, 거칠고 사나우면서도 교활한 서북 지역의 군벌이 황소가 도자기 가게로 난입하듯이 낙양으로 들어왔다. 모든 살림살이가 부서졌고 300여 년간 분열과 혼란이 이어졌다. 수·당나라에 이르러서야 중화 민족은 마음을 가라앉히고 이념과 가치관을 재건할 수 있었다.

그렇다고 삼국, 위진 남북조가 아무 의미도 없는 엉망진창인 시대였다는 뜻은 아니다. 반대로 그 반세기 동안 축적하고 준비한 덕분에 중화 민족은 장대하게 발전하기 시작했고 중화 문명도 다시 큰 영향력을 지닌 세계적인 문명이 되었다.

그러면 하나씩 살펴보자.

저자 후기

왜 로마인가?

기원전 50~기원후 60년은 중국과 세계에 아주 중요한 기간이었다. 기원전 27년에는 옥타비아누스가 원수Principate 제도를 확립했다. 기원후 25년에는 유수가 새로운 왕조를 열었다. 그 뒤로 한나라는 전한, 후한 둘로 나뉘었고 로마도 공화국과 제국으로 양분되었다.

두 개의 한나라와 두 개의 로마는 바로 이것을 지칭한다.

그 뒤 100년도 채 되지 않아서 중국과 로마는 분열 상태에 빠진다. 로마는 동·서 두 제국으로 나뉘고 중국은 남조와 북조로 갈린다. 남북조 이후에 중국은 다시 통일을 이뤘지만 로마는 돌아오지 못할 길에 올랐다.

거울을 비추는 듯한 두 나라의 모습에 절로 빠져든다.

로마와 중국은 정말 닮았다. 다신 숭배, 신앙의 자유, 심지어 신앙이 없는 모습까지 비슷하다. 중국의 황천 상제는 천명과 혁명의 심판권을 쥐고 있지만 평소에는 인간의 일에 직접 개입하지 않는다. 로마의 신들은 심판자라기보다는 보호자에 가깝다. 사람의 옳고 그름에 신은 관여하지 않는다.

즉 중화와 로마는 '신본神本'이 아니라 '인본人本'을 따랐다. 그랬기 때문에 중화는 예치禮治를, 로마는 법치를 발명했다. 법치든 예치든 둘 다 '인간의 자치'였고 하나님이 동행하지 않았다.

그래서 로마인은 중국인과 마찬가지로 가족 관념이 강하고 혈육 간의 정과 윤리를 중시하며 군자의 협정을 신뢰하여 신의가 없으면 인륜을 저버린 것으로 여긴다. 어쩌면 그들도 사실은 '오상'과 비슷한 관념을 가지고 있었다.

이 점은 카이사르의 암살 사건에서 뚜렷하게 드러난다.

앞서 말했듯이 브루투스 등이 카이사르를 살해한 것은 군주제를 저지하고 공화제를 지키기 위함이었다. 지금 보면 정의로운 행동이었지만 당시에는 사람들의 질타를 받았다. 오히려 공화제는 민심을 얻지 못했는데 그렇다고 백성은 군주제로 가는 것을 원하지도 않았다. 그들이 지탄을 받은 것은 군중의 분노를 샀기 때문이다.

왜 군중을 분노하게 했을까?

시오노 나나미의 『로마인 이야기』에서는 두 가지를 지적한다.

첫째, 원로원의 전 의원은 목숨을 걸고 카이사르의 인신 안전을 지키겠다고 단체 서약을 했다. 로마에서 인질도 없고 담보도 없으면서 공적인 효력을 갖는 이런 맹세는 최고 수준에 속한다. 맹세를 한 사람들이 공인이고 항상 명예를 목숨처럼 여기기에 서약을 배반할 일이 없을 것이기 때문이었다.

둘째, 카이사르는 로마에서 국부로 존경받았고 아버지처럼 신성한 후광이 있었다. 유산을 로마 시민에게 분배하겠다는 유서도 남겼다. 그래서 로마인들에게 브루투스 등 맹세한 사람들이 카이사르를 암살한 것은 신의를 저버리고 임금과 아버지를 시해한, 도저히 용인할 수 없는 일이었다.

분노에 찬 민중은 역시나 공화국을 지키려 한 사람들을 '아버지 시해자'라 불렀고 다들 복수의 검을 뽑지 못해 안달이었다. 이런 정서를 중국인은 쉽게 이해한다. 『후한서』에 로마가 '중국과 비슷하다'고 되어 있는데 일리가 있는 것 같다.

중국과 로마는 확실히 비교할 만한 점들이 있다.

하지만 내가 『두 한나라와 두 로마』를 쓰기로 결정한 것은 이렇게 비슷한 점과 잘 맞아떨어지는 면이 많기 때문만은 아니었다. 그보다는 한나라 때의 중국인과 고대의 로마인만이 최초로 세계적인 문명을 만들었기 때문이다.

인류 문명사의 하이라이트다.

문명은 늘 서로 영향을 주고받는다는 데 의심할 바가 없다. 이집트와 서아시아 문명은 그리스에, 그리스는 로마와 북아프리카, 서아시아, 중앙아시아에 영향을 끼쳤다. 그러나 헬레니즘 시대에 그리스 본토는 쇠락했다. 문명의 중심은 아테네가 아니라 이집트의 알렉산드리아에 있었다.

인도도 마찬가지다. 인도 문명의 특색을 가장 잘 대표하는 카스트 제도와 브라만교의 영향력은 남아시아 대륙을 벗어나지 못했다. 갠지스 강 유역에서 발생한 불교는 전 세계로 전파되긴 했지만 자신의 문명권 내에서는 겸손하게 2인자 자리로 물러나 실제 영향력은 이국타향만도 못했다.

두 개의 한나라와 두 개의 로마는 많이 달랐다.

로마와 한나라는 둘 다 전성기에 세계화되었다. 두 나라 모두 강력한 중앙집권을 실시했고 거의 같은 크기의 국토, 같은 규모의 국민을 다스렸다. 무기와 군대의 힘으로 영토를 확장했고 민족 동화 정책을 추진함으로써 세계적인 문명권을 구축했다.

남긴 유산도 비슷하게 풍부했다.

한나라의 공헌은 중화 제국의 기초를 닦은 것이었다. 군주제도는 진시황 때 만들어졌지만 심각한 결함과 치명적인 약점이 있었다. 한 무제와 후계자들의 노력 덕분에 그 문제들이 해결되었고 중화도 세계에서 가장 전형적이며 가장 안정적인 제국으로 자리 잡았다.

두 개의 한나라는 군주제도의 표본이다.

217   로마는 현대 국가에 원형을 제공했다. 이 책 2장에서 말했듯이 로

마는 정치체제를 정교하고 뛰어나게 설계했다. 집정관, 원로원과 시민 회의는 군주제, 귀족제(또는 과두제)와 민주제에 대응하므로 세 제도의 우월성을 한데 모았다고 할 수 있다.

물론 로마도 문제가 없는 것은 아니었다. 1인 1표의 직접민주주의 는 소국과민 형태의 도시국가였을 때만 적용했고 슈퍼 대국이 된 이 후에는 더 이상 실시하지 않았다. 또한 원로원의 엘리트적 성격과 봉 헌 정신은 제도적인 뒷받침이 없었다. 집정자가 임기 1년의 집정관에 서 종신제의 황제로 바뀌는 등 극에서 극을 오갔다.

그래서 시민의 민주주의를 직접 선거에서 대의제로 바꿔야 집정자 (대통령이라고 부르든 국가 주석이라고 부르든 관계없이)에게 적합한 임기를 줄 수 있고 원로원의 구성 문제를 해결할 수 있었다. 가장 나쁘지 않은 정치체제였다.

더 중요한 것은 로마의 공화 정신과 법치 관념이 현대 문명이 가장 필요로 하는 것이었다는 점이다. 사실상 공화제와 법치를 견지하면 시민 민주주의든 입헌군주든 모두 현대 문명이다.

이것이 로마의 공헌이다.

게다가 그들은 기독교에도 기여했다. 기독교가 실은 로마 제국과 로마 문명의 무덤을 파긴 했지만.

이렇게 보면 중화 문명은 특별한 의미를 지닌다.

중화 문명은 광활한 국토에 인구가 많은 다민족 국가가 종교와 신 **218**

앙이 없을뿐더러 피나 폭력에 의지하지 않고도 오랫동안 통일을 유지할 수 있었고, 사분오열되거나 외적의 침입을 당한 뒤에 국토를 재건하여 수천 년 동안 중단되지 않고 문명을 이어갔다는 의미가 있다. 그 안에 특별한 원인이 없을까?

마찬가지로 중화 문명은 중단되지는 않았지만 쇠약해지면서 점점 세계성을 잃었다. 반대로 로마 문명은 죽었다 다시 살아나 르네상스 이후에 서구 현대 문명의 기원이 되었다. 그 안에 특별한 비밀이 없을까?

당연히 있다.

다만 그 비밀을 밝히려면 글로벌한 시야가 필요하다.

이것이 바로 내가 이 책을 쓴 이유이며 이 책이 세계, 역사, 제도, 신앙, 이념 다섯 가지 측면에서 논의를 전개한 이유다. 이제 여러분의 비평을 기대한다.

부록

사건 연표

기원전 3500년 이집트와 서아시아에서 인류 최초의 문명 등장.

기원전 3100년 나르메르(메네스)가 이집트 제1왕조를 세움.

기원전 3100~기원전 2700년 크레타 문명이 탄생함.

기원전 2500년 하라파(인더스 강) 문명이 탄생함.

기원전 1700년 하夏 문명의 탄생(증거 존재).

기원전 1200년 올메카 문명이 탄생함.

기원전 1046년 서주 무왕의 벌주伐紂.

기원전 969~기원전 936년 페니키아 티레 왕 히람 1세.

기원전 960~기원전 930년 이스라엘~유대 왕 솔로몬.

기원전 841년 서주의 공화 시대.

기원전 770년 평왕平王의 동천東遷.

기원전 753년 로마 건설.

기원전 722년 춘추시대 시작.

기원전 721년 아시리아 왕 사르곤 2세가 이스라엘 왕국을 멸망시킴.

기원전 671년 아시리아가 이집트를 정복.

기원전 639년 아슈르바니팔이 엘람의 수도 소사를 침공, 아시리아 제국의 영토 면적이 사상 최대로 확장됨.

기원전 612년 칼데아와 메디아 왕국 연합군이 아시리아의 수도 니네베를 함락.

기원전 605년 네부카드네자르(느부갓네살)가 왕위를 계승하고 아시리아 제국이 멸망.

기원전 594년 노나라에서 초세무初稅畝 시행, 아테네 '솔론의 개혁'을 단행함.

기원전 586년 신바빌로니아 왕국의 왕 네부카드네자르가 예루살렘을 파괴하고 유대 왕국을 멸망시킴. '바빌론 포로' 시절에 유대교가 형성됨.

기원전 558년 키루스 2세가 페르시아 왕국 건립, 수십 년 뒤에 페르시아 제국 건립.

기원전 551년 공자 탄생.

기원전 550년 키루스 2세가 메디아를 정복하고 페르시아 제국을 건립함.

기원전 546년 키루스 2세가 리디아를 멸망시킴.

기원전 538년 키루스 2세가 신바빌로니아 왕국을 멸망시킴. 유대 국가 재건.

기원전 525년 페르시아가 이집트를 정복함.

기원전 509년 로마 공화국의 탄생.

기원전 494년 로마 평민 제1차 철수운동.

기원전 499~기원전 449년 페르시아 전쟁.

기원전 469년 소크라테스 탄생.

기원전 468년 묵자 탄생.

기원전 450년 로마 「12표법」 공포.

기원전 445년 위나라 이회李悝 변법 추진.

기원전 480~기원전 404년 아테네 페리클레스 시대.

기원전 431~기원전 404년 펠로폰네소스 전쟁.

기원전 427년 플라톤 탄생.

기원전 403년 전국시대 시작.

기원전 384년 아리스토텔레스 탄생.

기원전 372년 맹자 탄생.

기원전 369년 장자 탄생.

기원전 367년 「리키니우스-섹스티우스 법」 통과, 집정관 중 한 명은 로마 평민에서 선출할 수 있게 됨.

기원전 356년 로마 평민이 독재관에 선출될 수 있게 됨. 상앙변법商鞅變法 실행.

기원전 351년 로마 평민이 감찰관에 선출될 수 있게 됨.

기원전 338년 마케도니아가 그리스를 정복함.

기원전 337년 로마 평민이 대법관으로 선출될 수 있게 됨.

기원전 332년 마케도니아 왕 알렉산더가 이집트를 정복함.

기원전 330년 페르시아 제국 멸망.

기원전 327년 알렉산더가 인도를 침략.

기원전 324년 인도 마우리아 왕조 건립.

기원전 323년 알렉산더 사망, 마케도니아 제국 분열.

기원전 296년 로마가 이탈리아 중부 정복.

기원전 275년 로마가 이탈리아 남부 정복.

기원전 273~기원전 236년 인도 아소카 왕 시대, 불교를 국교로 삼음.

기원전 247년 파르티아 건국.

기원전 241년 제1차 포에니 전쟁, 카르타고가 로마에 패배, 시칠리아가 로마의 속주가 된 것을 시작으로 로마가 해외에 속주를 건설함.

기원전 239년 사르데냐와 코르시카가 로마의 속주가 됨.

기원전 225년 로마가 갈리아(지금의 프랑스)를 격파함.

기원전 221년 진나라가 6국을 멸망시킴.

기원전 218~기원전 201년 제2차 포에니 전쟁, 카르타고가 또 패배함.

기원전 202년 유방이 황제에 오름.

기원전 149~기원전 146년 제3차 포에니 전쟁, 카르타고가 멸망하고 로마의 아프리카 속주가 됨.

기원전 148년 마케도니아가 로마의 속주가 됨.

기원전 146년 로마가 그리스를 정복. 아카이아 속주 설치.

기원전 141년 한 무제 즉위.

기원전 138년 장건의 제1차 서역 사행使行.

기원전 130년 전후 로마의 속주가 총 아홉 개가 됨(시칠리아, 사르데냐와 코르시카, 갈리아치살피나, 스페인, 아프리카, 일리리아, 마케도니아, 아카이아, 아시아).

기원전 126년 장건이 흉노의 내란을 틈타 중국으로 도망침.

기원전 82년 술라가 로마의 종신독재관으로 선포됨.

기원전 48년 카이사르가 5년 임기의 집정관, 종신호민관을 맡음.

기원전 45년 카이사르가 종신독재관에 취임.

기원전 44년 카이사르 피살.

기원전 33년 왕소군이 변방으로 시집감.

기원전 27년 옥타비아누스가 원수 정치 확립, 로마 공화국 종결.

기원전 1년 한 평제平帝 즉위, 왕태후王太后 섭정, 왕망이 대사마에 오름.

기원후 8년 왕망이 황제에 오름. 전한 시대의 종료.

기원후 25년 유수가 황제에 오름. 후한 시대의 시작.

30년 예수가 십자가에 못 박혀 죽음.

43년 로마가 브리튼 섬 정복.

56년 후한 광무제가 태산에서 봉선의식을 거행하고 명당, 영대, 벽옹을 축조하고 도참을 천하에 선포함. 참위 학문이 공식 통치 사상으로 **226**

채택됨.

<u>57년</u> 광무제가 향년 62세로 사망. 아들 유장劉莊이 30세에 즉위하여 한 명제明帝가 됨.

<u>65년</u> 중국인들이 불교를 숭상하기 시작.

<u>68년</u> 한 명제가 낙양에 최초로 불교 사원 건축.

<u>73년</u> 두고竇固가 반초班超를 서역에 파견함.

<u>75년</u> 명제 향년 48세로 사망, 아들 유달劉炟이 19세에 즉위하여 한 장제章帝가 됨.

<u>79년</u> 백호관 회의.

<u>88년</u> 한 장제 향년 33세로 사망, 아들 유조劉肇가 즉위하여 화제和帝가 됨. 화제 10세에 두태후竇太后가 섭정을 하고 형인 두헌竇憲이 권력을 장악함.

<u>92년</u> 14세의 화제가 환관과 연합하여 두씨를 소탕, 이때부터 중국 환관이 정치에 참여하기 시작함.

<u>97년</u> 반초의 파견으로 감영甘英이 대진(로마), 안티오키아(지금의 이라크), 파르티아(지금의 이란) 서부로 갔다가 귀환함.

<u>105년</u> 한 화제가 향년 27세로 사망. 아들 유륭劉隆이 즉위하여 상제殤帝가 됨. 상제 생후 100일에 등태후鄧太后가 섭정함.

<u>106년</u> 한 상제가 2세의 나이로 사망. 조카 유호劉祜가 13세에 즉위하여 안제安帝가 됨.

121년 등태후가 사망하고 안제가 등씨를 멸함. 황후의 동생 염현閻顯이 권력 장악.

125년 한 안제가 32세의 나이로 사망. 환관이 11세의 제음왕濟陰王 유보劉保를 즉위시켜 순제順帝가 됨. 염현을 살해함.

144년 한 순제가 30세의 나이로 사망. 아들 유병劉炳이 즉위하여 충제沖帝가 됨. 한 충제 2세에 양태후梁皇后가 섭정을 하고 그 동생 양기梁冀가 권력 장악.

145년 한 충제가 3세의 나이로 사망. 양기가 종실의 유찬劉續을 8세에 즉위시켜 질제質帝가 됨.

146년 한 질제가 9세에 양기에게 독살당함. 양기가 종실의 유지劉志를 15세에 즉위시켜 환제桓帝가 됨.

159년 한 환제가 환관과 연합하여 양씨를 멸함.

166년 로마 사절단이 낙양에 도착. 제1차 당고의 화.

167년 한 환제가 36세의 나이로 사망. 두태후가 두무竇武에게 명하여 종실의 유굉劉宏을 12세에 즉위시켜 영제靈帝가 됨.

168년 한 영제가 환관 조절曹節 등과 함께 두무를 멸함. 두무는 패하여 자결하고 목을 베어 효시함.

169년 제2차 당고의 화.

184년 황건군 봉기.

189년 한 영제가 34세의 나이로 사망.

<u>220년</u> 조비曹丕가 황제에 오르고 후한이 멸망함.

<u>226년</u> 파르티아가 이란 사산 왕조에게 멸망.

<u>280년</u> 오나라가 멸망하고 진晉이 천하를 통일.

<u>284~305년</u> 로마 황제 디오클레티아누스 즉위.

<u>313년</u> 콘스탄티누스 1세가 리키니우스와 공동 서명하여 「밀라노 칙령」
을 반포하고 기독교가 로마에서 합법적 지위를 얻음.

<u>316년</u> 서진이 멸망하고 이듬해에 동진 시대가 시작됨. 이때부터 중국
경제·문화의 중심이 남쪽으로 옮겨짐.

<u>320년</u> 인도 굽타 왕조 시작.

<u>330년(동진 함화咸和 4)</u> 로마 제국이 비잔티움으로 천도하고 콘스탄티노폴
리스로 개명함.

<u>372년</u> 흉노족이 볼가 강을 건너 빠른 속도로 동고트족을 격파하고 서
고트족을 협박해 다뉴브 강을 건넘.

<u>386년</u> 북위 건국, 북조 시대 시작.

<u>392년</u> 기독교가 로마 제국의 국교가 됨.

<u>395년</u> 로마 제국 분열.

<u>420년</u> 동진 멸망, 남조 시대 시작.

<u>476년</u> 서로마 제국 멸망.

<u>529~534년</u> 비잔티움 『로마법 대전』 편찬.

229 <u>581년</u> 양견楊堅이 황제에 오르고 장안에 수도를 정함. 수나라 시작.

618년 이연李淵이 황제에 오름. 수나라가 멸망하고 당나라 시작.

622년 이슬람교를 창시한 무함마드가 메디나에 정치와 종교가 합일된 신권神權 국가 건국. 이슬람 문명 시작.

1453년 동로마 제국이 오스만튀르크족에게 멸망.

인물 소개

• 장건張騫

약 기원전 164~기원전 114. 자는 자문子文. 한중군漢中郡 성고成固(지금
의 산시 성 청구城固 보왕博望) 출신. 탐험가, 여행가, 외교관. 한나라가 서
역으로 통하는 남북 도로를 개척했으며 서역의 나라들로부터 한혈마
汗血馬, 포도, 거여목, 석류, 검은 참깨, 참깨와 타조알 등을 들여왔다.
명령을 받들어 서역에 사절로 가서 실크로드를 여는 기초를 닦았다.

• 아슈르바니팔Ashurbanipal

기원전 668~기원전 631. 아시리아 제국 최후의 왕조이자 가장 강
력한 왕조였던 사르곤 왕조의 네 왕 중 한 명. 군대를 이끌고 이집트
로 원정을 가서 테베까지 공격해 도시를 약탈하고 파괴했다. 기원전
639년에 엘람의 수도 소사를 함락해 엘람 전역을 평정했다. 이때 아

시리아 제국의 영토가 최대 규모에 달했다. 서아시아 전역을 소유하고 잠시 이집트를 점령해 동쪽으로 이란 고원, 서쪽으로 지중해 해변, 북쪽으로 캅카스, 남쪽으로 나일 강까지 이르렀다. 세계 고대 역사상 전례가 없는 대제국이었다.

아슈르바니팔이 사망하고 얼마 뒤에 메디아인과 칼데아인이 연합해 아시리아를 공격함으로써 제국은 급격히 몰락했다. 칼데아인은 이 기회를 틈타 바빌론 제6왕조를 세우고 독립을 회복했다. 또한 메디아인과 연합해 기원전 614년에 아시리아의 옛 수도 아시리아를 공격했고, 기원전 612년에 아시리아의 새로운 수도 니네베를 빼앗았다. 이로써 아시리아 제국은 멸망하고 신바빌로니아 왕국 영토로 편입되었다.

• 네부카드네자르Nebuchadnezzar(느부갓네살)
네부카드네자르 2세(약 기원전 630~기원전 562). 바빌론에 위치한 칼데아 제국의 가장 위대한 군주로 유대와 예루살렘을 정복했고 수도인 바빌론에 유명한 공중정원을 지었다. 바빌론의 언어로 이름을 풀이하면 '황관을 보호하고 계승하는 자 네부' 또는 '변경을 지키는 자 네부'라는 뜻이다.

• 키루스Cyrus
약 기원전 600 또는 기원전 576~기원전 530. 고대 페르시아 제국의 창설자. 에게 해에서 인더스 강까지, 나일 강에서 테베까지 광활한 영토를 개척했다. 인류 역사상 수많은 황제가 있었지만 대제라고 칭할 수 있는 사람은 드문데 키루스가 그중 한 명이다. 100여 년간 이어진 고대 페르시아 제국의 찬란한 역사는 그의 이름과 관련이 있다. 그는 비문에 "나 키루스는 세계의 왕이요, 위대한 왕이다"라고 자랑스럽게 써넣었다.

• 다리우스Darius 1세

약 기원전 522~기원전 486. 페르시아 제국의 군주. 아케메네스조 가문 출신. 다리우스는 캄비세스 2세를 따라 이집트로 출정해 1만 명의 불멸대의 총지휘관으로 임명됐다. 다리우스는 페르시아 제국의 위대한 군주인 동시에 세계 역사상 유명한 정치가로 꼽힌다.

• 알렉산더Alexander

기원전 356~기원전 323. 고대 마케도니아의 왕, 알렉산더 제국의 황제, 세계 고대 역사상 유명한 군사가이자 정치가. 지략이 뛰어나 마케도니아 왕으로 재임한 단 13년 동안 뛰어난 재능과 원대한 계획으로 동정서벌에 나서서 그리스 전역에 통치 지위를 확립한 다음, 페르시아 제국을 멸망시켰다. 유라시아를 가로지르는 광활한 토지에 서쪽으로 그리스, 남쪽으로 이집트, 북쪽으로 중앙아시아, 동쪽으로 인더스 강 유역을 아우르며 페르시아 제국과 마찬가지로 유럽, 아시아, 아프리카를 횡단하는 대제국을 건설했다. 유례없는 수준의 찬란한 업적을 세웠으며 동·서양 문화의 교류와 경제 성장을 촉진하여 인류사회 발전에 중대한 영향을 끼쳤다.

• 루키우스 유니우스 브루투스 Lucius Junius Brutus
로마 공화국 제1대 집정관으로 기원전 509년부터 집권하기 시작했다. 로마 공화국을 건설한 주축으로서 고대 로마 역사상 중요한 위상을 차지하며 로물루스와 함께 옥타비아누스와 비견되는 영향력 있는 인물이다.

• 푸블리우스 발레리우스 푸블리콜라 Publius Valerius Publicola
브루투스와 함께 폭군 타르퀴니우스를 쫓아냈다. 콜라티누스가 집정관 자리를 포기한 뒤 발레리우스가 브루투스의 동료가 되었고 로마 공화국 최초의 보궐 집정관이 되었다.
훗날 브루투스가 에트루리아 군대와 전투하다가 불행하게 사망하자 발레리우스는 로마의 유일한 통치자가 되었고 여러 입법을 통해 그가 독재를 행할 것이라는 사람들의 의심을 없앴으며 완벽한 신임을 얻었다. 국민은 그를 '푸블리콜라'라고 불렀는데 '국민과 친밀한 사람'이라는 뜻이다. 발레리우스는 평생 청빈하게 살아서 죽은 뒤에 장례 비용

조차 감당할 수 없었다. 그래서 공적 자금으로 사회장을 치렀으며 성 안에 묘지를 마련했다. 이 묘지는 발레리우스의 가족 묘지가 되었다.

• 가이우스 율리우스 카이사르Gaius Julius Caesar

카이사르(기원전 100년 7월 13일~기원전 44년 3월 15일) 대제는 로마 공화국 말기의 뛰어난 군사 사령관, 정치가, 율리오 집안의 일원이다.

귀족 출신으로 재무관, 대제사장, 대법관, 집정관, 감찰관, 독재관 등을 지냈다. 기원전 60년에 폼페이우스, 크라수스와 제1차 삼두동맹을 비밀리에 결성했고, 그 뒤 갈리아 총독을 맡았다. 8년을 들여 갈리아 전역(지금의 프랑스)을 정복했으며 게르만과 브리튼 섬을 습격했다. 기원전 49년에 군대를 이끌고 로마를 점령했으며 폼페이를 공격해 대권을 장악하고 독재 통치를 실시했으며 '율리우스력'을 만들었다.

카이사르는 기원전 44년에 브루투스가 이끄는 원로원 구성원에 의해 암살당했다. 그 뒤 조카손자 및 양자인 옥타비아누스가 안토니우스를 무너뜨리고 로마 제국을 세웠으며 제1대 로마 황제가 되었다. 카이사르도 포커에서 다이아몬드 킹의 모델이 되었다.

• 옥타비아누스Octavianus Gaius Julius caesar

기원전 63년 9월 23일~서기 14년 8월 19일. 원래 이름은 가이우스 옥타비우스 투리누스Gaius Octavius Thurinus이며 로마 제국의 개국 군주로 43년 동안이나 로마를 통치했다. 서기 14년 8월에 옥타비아누스가 사망한 뒤 로마 원로원은 그를 신의 대열에 포함시키기로 결정했고 8월을 '아우구스투스Augustus'라고 불렀다. 이것이 유럽 언어 중 8월의 기원이다.

옥타비아누스는 카이사르 대제의 조카손자이자 양자였으며 카이사르의 후계자로 정식 지목되었다. 기원전 43년에 안토니우스, 레피두스와 삼두동맹을 결성하여 카이사르를 암살한 공화파 귀족(원로원)을 물리쳤다. 기원전 36년에는 레피두스의 군권을 빼앗은 이후 악티움 해전에서 안토니우스를 물리치고, 고대 이집트의 톨레미 왕조를 멸망시킨 뒤 로마로 돌아와 국가의 모든 대권을 장악하기 시작했다. 기원전 30년에는 '종신호민관'으로 확정됐다. 기원전 29년에 '대원수'라는 칭호를 얻었다. 기원전 27년에 '아우구스투스(신성하다, 지존하다는 뜻)' 칭호를 얻고 독재 원수정치를 확립해 로마 제국 시대를 열었다.

옥타비아누스를 가장 위대한 로마 황제 중 한 명으로 꼽는 것이 일반적인 견해다. 표면적으로는 로마를 공화제의 형태로 유지했지만 독재자로서 로마를 40년간이나 통치했다. 옥타비아누스는 1세기간의 내전을 종식하여 한동안 로마 제국을 평화롭고 번성하며 찬란한 시기로 들여놓았다. 역사학자들은 보통 '아우구스투스(우러러 존경한다는 뜻)'로 칭한다.

- 마르쿠스 안토니우스Marcus Antonius

약 기원전 83년 1월 14일~기원전 30년 8월 1일. 고대 로마의 정치가, 군사가다. 카이사르 군대의 가장 중요한 지휘관이자 관리자였다. 카이사르가 피살된 뒤에 옥타비아누스, 레피두스와 함께 삼두동맹을 결성했다. 기원전 33년에 제2차 삼두동맹이 분열했다. 기원전 30년에 안토니우스와 이집트 여왕 클레오파트라 7세는 차례로 자살했다.

- 마르쿠스 툴리우스 키케로Marcus Tullius Cicero

기원전 106년 1월 3일~기원전 43년 12월 7일. 로마 공화국 말기의 철학자, 정치가, 변호사, 작가, 웅변가다. 기사 계급의 부유한 가정에서 태어났고 청년 시절에 법과 정치에 뛰어들었다. 그 뒤 로마 공화국의 집정관을 맡았으며 연설과 문학작품으로 고대 로마의 가장 훌륭한 연설가, 산문 작가로 널리 알려졌다.

로마 공화국 말기의 정치 위기 속에서 키케로는 공화국의 대표적인 자유주의의 변호인으로서 안토니우스의 정적이었다. 고대 로마의 입헌제를 지지함에 따라 삼권분립 학설의 선두 주자로 꼽혔다. 키케로는 유럽 철학, 정치 학설에 깊은 영향을 미쳤으며 현재까지도 로마 역사의 연구 대상이다.

- 디오클레티아누스_{Gaius Aurelius Valerius Diocletianus}

서기 250~312. 본명은 디오클레스다. 로마 제국의 황제로 서기 284년 11월 20일부터 305년 5월 1일까지 재위했다. 로마 제국의 '위기의 3세기'(235~284)를 끝내고 4두 정치_{Tetrarchy}를 로마 제국 후기의 정치체제로 확립했다. 그의 개혁으로 로마 제국은 국내 각 지역에 대한 통치를 지속할 수 있었고 적어도 동부 지역에서는 수 세기 동안 통치를 유지했다.

- 콘스탄티누스_{Constantinus} 1세

가이우스 플라비우스 발레리우스 콘스탄티누스_{Gaius Flavius Valerius Constantinus}다(272년 2월 27일~337년 5월 22일). 306년부터 337년까지 로마 제국의 황제로 재위했다. 기독교에 귀의한 최초의 로마 황제이며 313년에 리키니우스와 함께 「밀라노 칙령」을 반포하여 제국 내부에서 기독교 신앙의 자유를 인정했다.

콘스탄티누스는 내전 중에 막센티우스와 리키니우스를 물리치고 황위를 공고히 했으며 통치 기간 동안에 프랑크족, 알라마니족, 서고트족, 사르마트족을 상대로 성공적으로 전쟁을 일으켜 전 세기에 잃었던 다치아 지역을 탈환했다. 비잔티움에 새로운 황궁을 건립하고 '새로운 로마_{Nova Roma}'라고 명명했다. 그러나 사람들은 콘스탄티누스의 이름을 존경하는 뜻에서 콘스탄티노플로 불렀다.

콘스탄티노플은 그 뒤 1000년간 비잔티움 제국의 수도가 되었으며, 따라서 콘스탄티누스는 비잔티움 제국의 창건자로 여겨진다.

• 왕망王莽

기원전 45~서기 23. 자는 거군巨君이다. 서기 8년 12월에 왕망은 한나라 대신 새로운 왕조를 세우고 연호를 '시건국始建國'이라 정한 뒤 새로운 정치를 실시할 것을 선언했다. 역사에서는 '왕망개제王莽改制'라고 한다. 왕망 통치 말기에 나라가 매우 혼란했다. 신망新莽 지황地皇 4년에 경시군更始軍이 장안에 쳐들어와 왕망은 반란군 틈에서 사망했다. 왕망은 총 16년간 재위했고 69세에 사망했다. 신新왕조는 중국 역사상 가장 단명한 왕조가 되었다.

• 마르쿠스 유니우스 브루투스Marcus Junius Brutus Caepio

기원전 85~기원전 42. 로마 공화국 말기의 원로원 의원으로 카이사르의 모살을 조직하고 참여했다. 카이사르가 죽기 전에 "또 너냐, 브루투스?"라고 했고 브루투스는 로마 대중에게 암살의 동기를 설명하면서 "나는 카이사르를 사랑한다. 하지만 로마를 더 사랑한다"는 말을 남겼다고 전해진다.

• 테오도시우스Theodosius 1세

347~395년 1월 17일. 테오도시우스 대제라고도 한다. 로마 제국의 황제(재위 379~395)로 392년부터 로마 제국 전체를 통치하기 시작했다. 통일된 로마 제국을 통치한 마지막 군주다. 서기 393년에 기독교를 국교로 선포했고 모든 이교와 이단에 반대했다. 밀라노에서 세상을 떠났고 임종 전에 제국을 두 아들에게 나눠줌으로써 로마 제국이 분열됐다.

• 동중서董仲舒

기원전 179~기원전 104. 하북河北 사람. 전한의 사상가, 철학자, 청지가, 교육자다. 기원전 134년에 한 무제가 조서를 내려 나라를 다스리는 계획과 책략을 구했다. 동중서는 「거현량대책擧賢良對策」에서 '천인감응天人感應' '대일통大一統' 학설과 '백가를 폐지하고 유가만 숭상하자'는 주장을 체계적으로 제기했다. 동중서는 "도의 큰 원칙은 하늘에서 나온다道之大原出于天"고 생각했다. 즉 자연과 사람의 일은 모두 천명의 제약을 받으므로 천명을 반영하는 정치질서와 정치사상이 통일되어야 한다는 것이다. 동중서의 유가 사상은 한 무제의 집권 통치를 옹호했고 당시 사회의 정치와 경제 안정에 일시적으로 기여했다.

• 유수劉秀

기원전 5~서기 57. 후한 왕조의 개국 황제로 묘호는 '세조世祖', 시호는 '광무황제光武皇帝'다. 중국 역사상 유명한 정치가, 군사가다. 신망말기에 나라가 분열되고 크게 혼란한 상황에서 일개 평민이지만 전대의 혈통을 지닌 유수는 고향에서 기세를 몰아 군사를 일으켰다. 서기 25년에 유수는 경시 정권과 공개적으로 결별하고 하북 호남郟南 천추정千秋亭에서 즉위해 황제가 되었다. 유씨 가문을 다시 일으킬 뜻을 표하고 계속 '한'을 국호로 삼았다. 역사에서는 '후한後漢'이라고 한다.

이중톈 중국사
\09\

두 한나라와 두 로마

1판 1쇄	2016년 8월 16일
1판 2쇄	2021년 8월 19일

지은이	이중톈
옮긴이	한수희
펴낸이	강성민
기획	김택규
편집장	이은혜
마케팅	정민호 김도윤
홍보	김희숙 함유지 김현지 이소정 이미희 박지원
독자모니터링	황치영

펴낸곳	(주)글항아리	출판등록 2009년 1월 19일 제406-2009-000002호
주소	10881 경기도 파주시 회동길 210
전자우편	bookpot@hanmail.net
전화번호	031-955-1936(편집부) 031-955-2696(마케팅)
팩스	031-955-2557

ISBN	978-89-6735-356-8 03900

잘못된 책은 구입하신 서점에서 교환해드립니다.
기타 교환 문의 031-955-2661, 3580

www.geulhangari.com